教祖伝参考手帳

道友社編

はしがき

教祖《おやさま》が現身《うつしみ》をおかくしになって百二十年。

この間に、日本社会はかつてない大変動を経験しました。それに伴い、政治、経済をはじめ、人々の生活ぶりに至るまで、教祖ご在世当時とは大きく様変わりしました。したがって、教祖伝の記述中にも、今日の読者には理解しにくい事項が少なからず登場します。それらに簡単な説明を施すとともに、写真や図版を多く用いることによって、より一層ひながたに親しみ、その精神を体得し、実践する一助となることを願って、この手帳をまとめました。

立教百六十九年四月

目次

『稿本天理教教祖伝』は、本教信仰の源泉であり、目標でもある教祖のひながたを、世界一れつに徹底実践させていただく基準となる書物である。

◎第一章 月日のやしろ

「我《われ》は元《もと》の神《かみ》・実《じつ》の神《かみ》である。この屋敷《やしき》にいんねんあり。このたび、世界《せかい》一《いち》れつをたすけるために天降《あまくだ》った。みきを神《かみ》のやしろに貰《もら》い受《う》けたい。」

神々《こうごう》しい威厳《いげん》に充《み》ちた声《こえ》に、身《み》の引緊《ひきし》まるような霊気《れいき》がその場《ば》に漲《みなぎ》った。

戸主《こしゅ》の善兵衛《ぜんべえ》も、**修験者**《しゅげんじゃ》の市兵衛《いちべえ》も、親族《しんぞく》の人々《ひとびと》も、誰一人《だれひとり》頭《あたま》を上《あ》げようとする者《もの》もない。それは、今《いま》までに聞《き》いた事《こと》もない神《かみ》であり、思《おも》いも寄《よ》らぬ啓示《おつげ》であった。善兵衛《ぜんべえ》は、初《はじ》めの程《ほど》は全《まった》くその意味《いみ》を解《かい》し兼《か》ねたが、考《かんが》えると、この啓示《おつげ》は**中山家**《なかやまけ》にとっては実《じつ》に容易《ようい》ならぬ重大事《じゅうだいじ》であり、どうしても実行出来《じっこうでき》そうにない事《こと》である。と、思《おも》い廻《めぐ》らすうちに、ふと念《ねん》頭《とう》に浮《うか》んだのは、去年《きょねん》の冬頃《ふゆごろ》から今日《きょう》に打続《うちつづ》く不思議《ふしぎ》な出来事《できごと》である。

【1～2ページ】

【修験者・しゅげんじゃ】

日本固有の山岳信仰である修験道の行者《ぎょうじゃ》で、「山伏《やまぶし》」ともいう。山野《さんや》をめぐって修行をし、護摩《ごま》（12ページ参照）を焚《た》き、呪文《じゅもん》を唱え、祈禱《きとう》を行って霊験《れいげん》を顕《あら》わす。

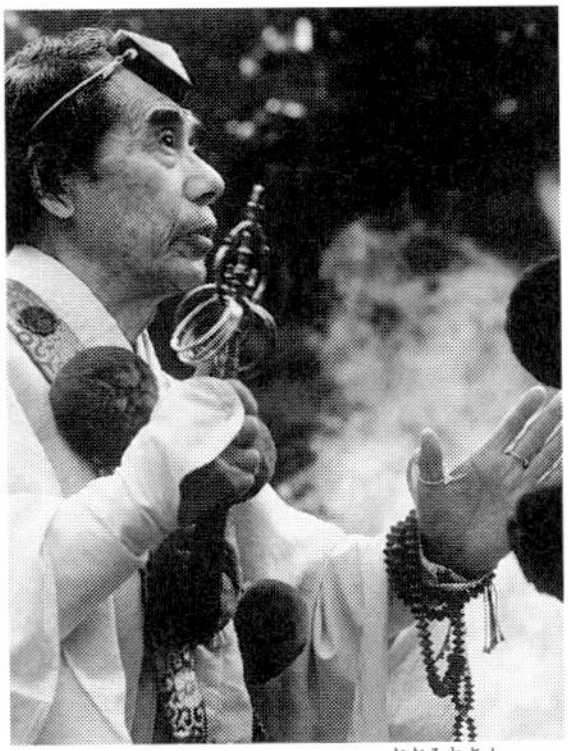
現在の修験者・山伏（大峰山《おおみねさん》）

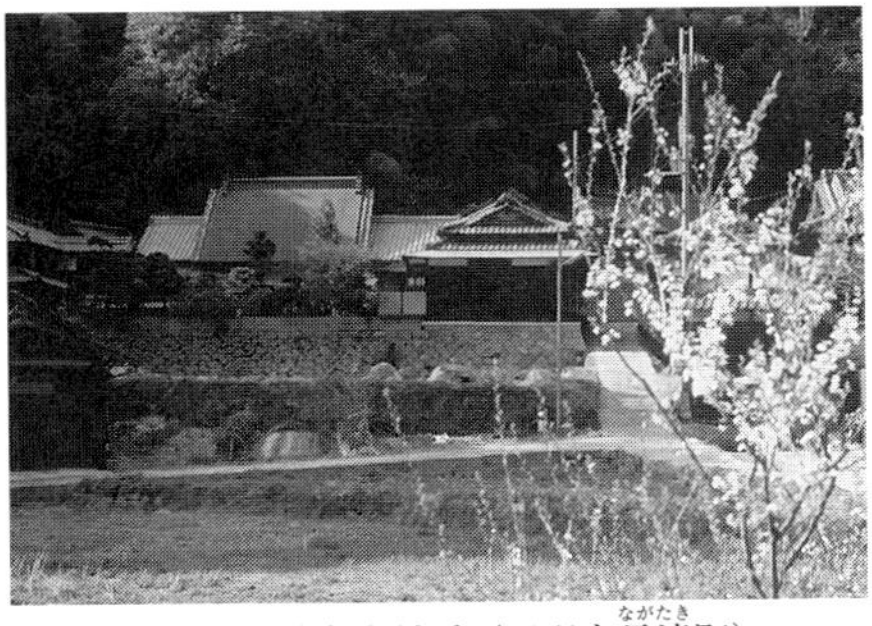
修験者・中野市兵衛宅付近（天理市長滝《ながたき》町）

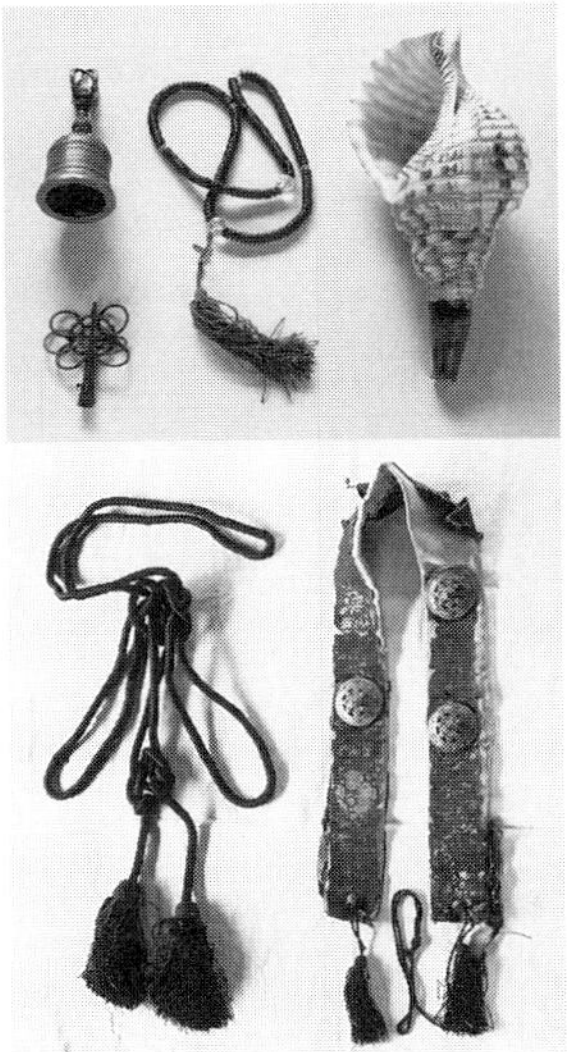
修験者が使う道具（中野家蔵）

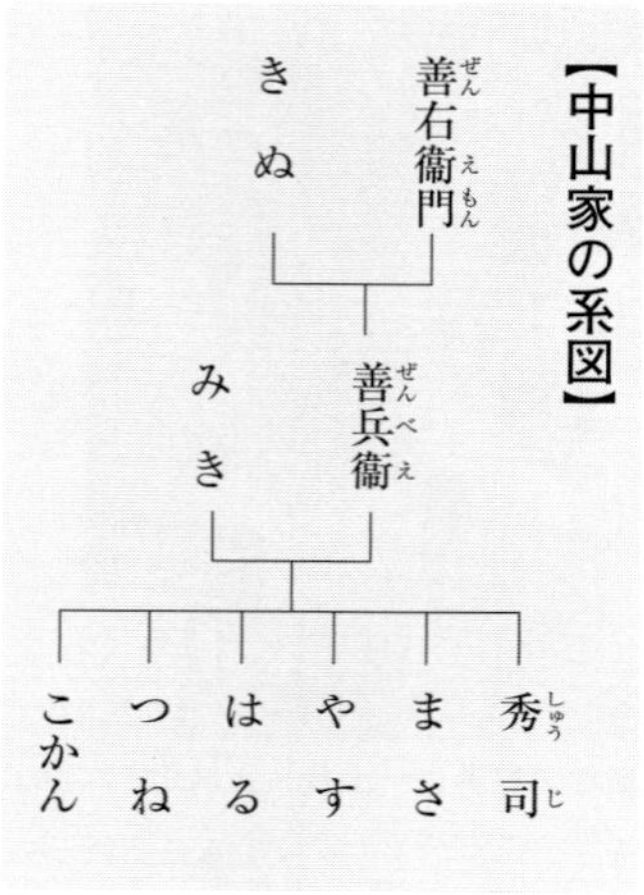

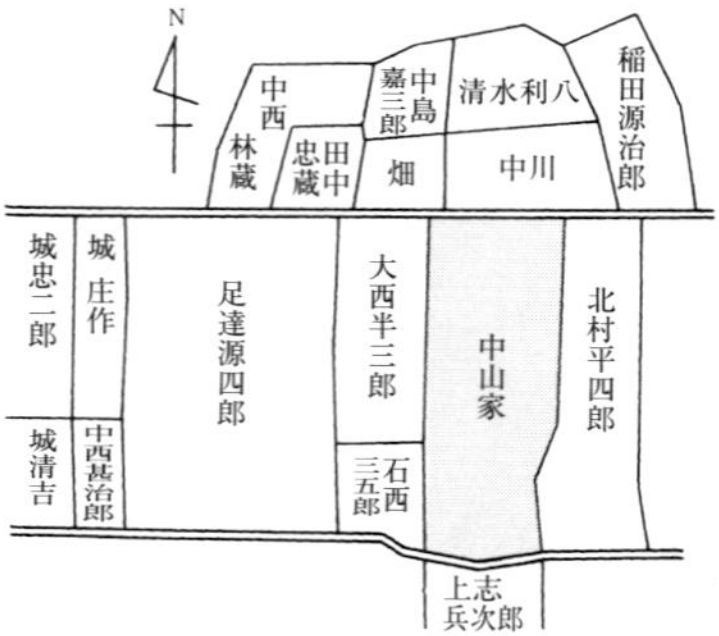

庄屋敷村の中山家周辺図（天保９年ごろ）
（おやしき変遷史図から）

天保《てんぽう》八年《ねん》十月《がつ》二十六日《にち》のこと、十七歳《さい》の長男秀司《ちょうなんしゅうじ》は、母親《ははおや》みきに伴《ともな》われて麦蒔《むぎまき》の畑仕事《はたしごと》に出《で》た折《おり》、急《きゅう》に左足《ひだりあし》に痛《いた》みを覚《おぼ》え、**駒《こま》ざらえ**を杖《つえ》にして辛《かろ》うじて家《いえ》に辿《たど》りついた。早速《さっそく》、医者《いしゃ》に診《み》せた処《ところ》、**薄荷薬《はっかぐすり》**などを用《もち》いて手当《てあ》ての限《かぎ》りを尽《つく》してくれたが、一向《いっこう》に痛《いた》みは治《おさ》まらない。そこで、人《ひと》の勧《すす》めるままに、近在《きんざい》に聞《きこ》えた修験者《しゅげんじゃ》、長滝村《ながたきむら》の市兵衛《いちべえ》に使者《つかい》を出《だ》したが、あいにく市兵衛《いちべえ》は仁興村《にごうむら》へ行《い》って不在《ふざい》であった。

越《こ》えて二十八日《にち》、再《ふたた》び使者《つかい》をたてた。市兵衛《いちべえ》は事《こと》の由《よし》を聞《き》いた上《うえ》、早速《さっそく》、**百燈明**《ひゃくとうみょう》を上《あ》げて詫《わ》びてくれた。使者《つかい》が帰《かえ》った頃《ころ》には治《おさ》まっていた。が、翌日《よくじつ》になると又痛《またいた》み出《だ》したので、又《また》もや使者《つかい》を出《だ》して祈禱《きとう》してもらうと、一旦《いったん》は痛《いた》みは治《おさ》まるものの、次《つぎ》の日《ひ》になると又痛《またいた》み出《だ》し、使者《つかい》を出《だ》して祈禱《きとう》してもらうと、治《おさ》まった。こうして三度《みたび》祈禱《きとう》が繰《く》り返《かえ》されて、一応治《いちおうおさ》まったが、二十日《はつか》程《ほど》経《た》つと又々痛《またまたいた》み出《だ》した。

【2～3ページ】

【駒ざらえ●こまざらえ】

農具の一つで、歯の細かいさらえ（さらい）のこと。土を砕きならしたり、落ち葉をかき集めるために用いる。鉄製・木製・竹製などがあり、歯が多く、長い柄《え》が付いている。

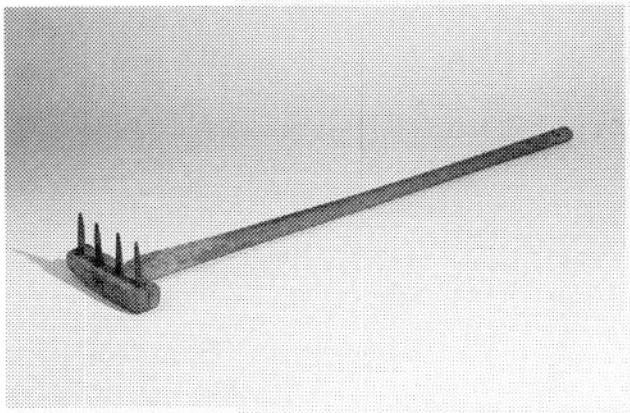

駒ざらえ

【**薄荷薬**《はっかぐすり》】薄荷はシソ科の多年草。葉にはメントールが多く含まれ、薄荷油を採る。薄荷油は清涼芳香剤・皮膚刺激薬に用いられるほか、胃腸薬として内用する。

【**百燈明**《ひゃくとうみょう》】祈禱《きとう》などに際し、たくさんの灯火《とうか》を神仏に供えること。

心配《しんぱい》の余《あま》り、善兵衛《ぜんべえ》自《みずか》ら市兵衛《いちべえ》を訪《おとず》れ、折入《おりい》って相談《そうだん》した処《ところ》、そういう事《こと》ならば、一層《いっそう》の事《こと》、お宅《たく》で**寄加持**《よせかじ》をするが宜《よろ》しかろう。との事《こと》であったので、一旦家《いったんいえ》へ帰《かえ》り家人《かじん》とも相談《そうだん》の上《うえ》、その意見《いけん》に従《したが》う事《こと》にした。市兵衛《いちべえ》は、勾田村《まがたむら》のそよを雇《やと》い、**幣**《へい》二本《ほん》を持《も》たせて**台**《だい》とし、近所《きんじょ》の誰彼《だれかれ》にも集《あつ》まってもらい、**護摩**《ごま》を焚《た》き寄加持《よせかじ》をした処《ところ》、痛《いた》みは治《おさ》まった。半年程経《はんとしほどた》つと痛《いた》み出《だ》したので、寄加持《よせかじ》をしてもらうと、治《おさ》まる。暫《しばら》くすると又痛《またいた》むという工合《ぐあい》に、一年《ねん》の間《あいだ》に九度《ど》も繰《く》り返《かえ》した。寄加持《よせかじ》の時《とき》には、ただ近所《きんじょ》の人人《ひとびと》に集《あつ》まってもらうだけではなく、一々酒飯《いちいちしゅはん》を振舞《ふるま》い、又供養《またくよう》のため近在《きんざい》の人々《ひとびと》に施米《せまい》した。一回《かい》の費用《ひよう》は凡《およ》そ**四百目**《ひゃくめ》かかり、軽《かる》い経費《けいひ》ではなかったが、可愛《かわい》い倅《せがれ》を救《たす》けたいとの親心《おやごころ》から、善兵衛《ぜんべえ》は少《すこ》しもその費《つい》えを厭《いと》わなかった。

【3～4ページ】

【寄加持・よせかじ】
多くの人々に寄り集まってもらい、仏の加護《かご》保持を祈禱すること。

【幣・へい】
御幣《ごへい》。裂いた麻《あさ》や畳《たた》んで切った紙などを垂らし、細長い木にはさんだもの。

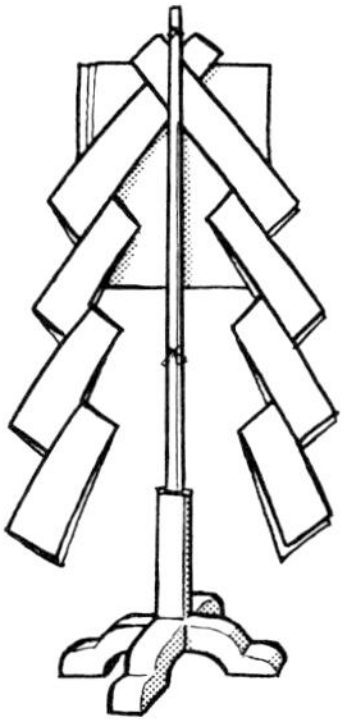

御幣

【台・だい】
加持台のことで、修験者が自己の守護神を憑依《ひょうい》させて託宣《たくせん》を下させる女性。

【護摩・ごま】
火炉《かろ》を設け、乳木《にゅうもく》（護摩木）などを焚《た》いて本尊に祈ること。知恵の火で煩悩《ぼんのう》の薪《たきぎ》を焚き、魔害を焼き尽くすことを意味する。

【四百目・よんひゃくめ】
「目」は江戸時代の銀貨の単位である「匁《もんめ》」のことで、一匁は小判一両の六十分の一。

かくて、天保《てんぽう》九年《ねん》十月《がつ》二十三日《にち》、**夜《よる》四ッ刻《どき》**（午後十時頃）、秀司《しゅうじ》の足痛《あしいた》に加《くわ》えて、善兵衛《ぜんべえ》は眼《め》、みきは腰《こし》と三人《にん》揃《そろ》うての悩《なや》みとなった。この日《ひ》は、庄屋敷村《しょやしきむら》の**亥の子**《いのこ》で、たまたま市兵衛《いちべえ》も親族《しんぞく》に当《あた》る乾家《いぬいけ》へ来《き》ていた。呼《よ》ぶと、早速《さっそく》来《き》てくれ、これはただ事《ごと》ではない、寄加持《よせかじ》をしましょう。とて、用意万端調《よういばんたんととの》え、夜明《よあ》けを待《ま》って、いつも加持台《かじだい》になるそよを迎《むか》えにやったが、あいにくと不在《ふざい》であった。やむなく、みきに御幣《ごへい》を持《も》たせ、一心《いっしん》こめての祈祷最中《きとうさいちゅう》に、

「みきを神《かみ》のやしろに貰《もら》い受《う》けたい。」

との、啓示《おつげ》となったのである。

【4ページ】

【夜四ッ刻・よるよつどき】

当時の時刻法は、昼と夜をそれぞれ六等分し、正午と真夜中を九ッとして、一時《ひととき》(約二時間)ごとに、八ッ、七ッ、六ッ、五ッ、四ッと数えた(次ページの図参照)。善兵衛が「みきを差上《さしあ》げます」とお受けしたのは二十六日の朝五ッ刻(午前八時)。

【亥の子・いのこ】

旧暦十月の亥の日に行われる収穫祭、亥の子の祭りのこと。江戸時代には、この日からコタツを出すなどした。

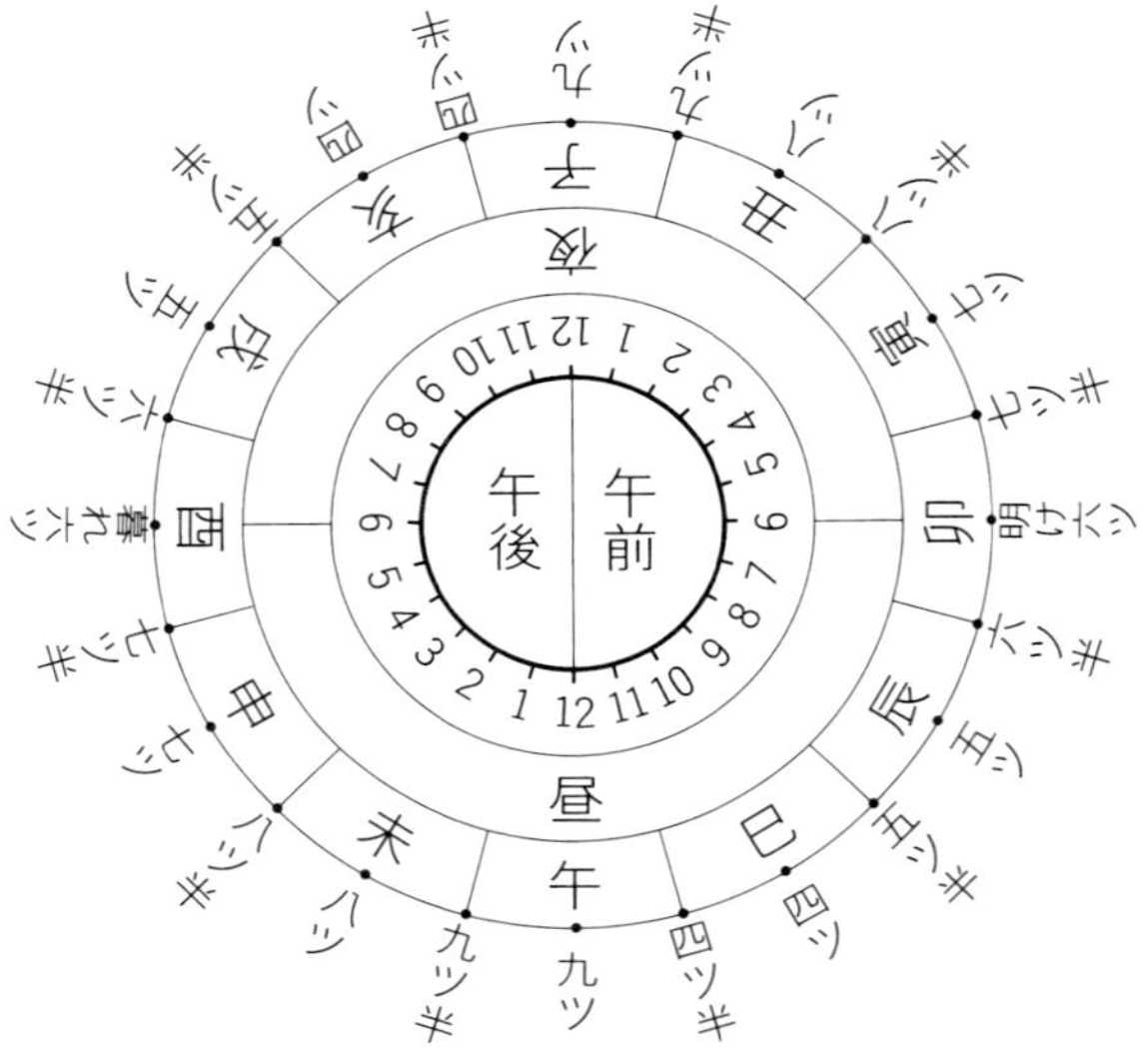

午前
午後
夜
昼
子
丑
寅
卯
辰
巳
午
未
申
酉
戌
亥
九ツ
九ツ半
八ツ
八ツ半
七ツ
七ツ半
明け六ツ
六ツ半
五ツ
五ツ半
四ツ
四ツ半
暮れ六ツ

時刻の図

◎第二章

生い立ち

教祖中山《おやさまなかやま》みきは、寛政《かんせい》十年《ねん》四月《がつ》十八日朝《にちあさ》、大和国《やまとのくに》山辺《やまべ》郡《ごおり》三昧田《さんまいでん》に生《うま》れられた。

父前川半七正信《ちちまえがわはんしちまさのぶ》は、領主《りょうしゅ》から**無足人**《むそくにん》に列《れっ》せられて名字帯刀《みょうじたいとう》を許《ゆる》され、**大庄屋**《おおじょうや》をも勤《つと》め、母《はは》きぬは、同村長尾家《どうそんながおけ》の出《で》で、淑《しと》やかな人柄《ひとがら》の中《なか》にも、特《とく》に針持《はりも》つ技《わざ》に秀《ひい》でていた。

教祖《おやさま》は、三歳《さい》の頃《ころ》から、なさる事《こと》が他《ほか》の子供《こども》と異《こと》なっていたので、近所《きんじょ》の人々《ひとびと》も、人並優《ひとなみすぐ》れた珍《めずら》しいお子《こ》やと言《い》いはやした。六歳《さい》の頃《ころ》には、針《はり》を持《も》ち始《はじ》め、**糸紡**《いとつむ》ぎをまね、**網巾着**《あみきんちゃく》を編《あ》み、**糠袋**《ぬかぶくろ》を縫《ぬ》うては、好《この》んで近所《きんじょ》の子供達《こどもたち》に与《あた》えられた。

【11ページ】

【無足人《むそくにん》】

俸給《ほうきゅう》のない準士分の農兵、すなわち郷士《ごうし》で、一般農民と区別され、名字帯刀（家柄または功労によって、平民が特に名字を唱え、刀を腰につけること）を許された。

【大庄屋《おおじょうや》】

庄屋とは、江戸時代、領主が村民の名望家《めいぼうか》の中から命じて、一村の納税その他の事務を統轄《とうかつ》させた村落の長。庄屋の上で、さらに数カ村を統轄するのが大庄屋である。

教祖ご生家（天理市三昧田町）

【前川家の系図】

半七 ― ひさ

- 半七正信
  - 杏《きょう》助《すけ》
  - みき
  - くわ
  - きく
  - 半三郎
- きぬ
- 善治郎
- きぬ

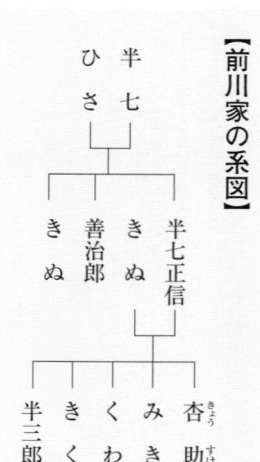

【糸紡ぎ・いとつむぎ】

綿、繭《まゆ》を糸くり車にかけて繊維を引き出し、よりをかけて糸にすること。

糸くり車を使っての糸紡ぎの様子

【網巾着・あみきんちゃく】

網状の巾着（口に緒《お》をめぐらして引きくくるようにした袋）。

【糠袋・ぬかぶくろ】

糠を入れる布製の袋で、入浴時に肌を洗うのに用いた。

手習《てなら》いの手解《てほど》きは、父親《ちちおや》から受《う》けられたが、九歳《さい》から十一歳《さい》まで、近村《きんそん》の**寺子屋《てらこや》**に通《かよ》うて、読《よ》み書《か》きなどを習《なら》われた。
針仕事《はりしごと》は、師匠《ししょう》につく事《こと》なく、母《はは》の膝下《ひざもと》でひとりでに上達《じょうたつ》されたが、一度《ど》見《み》たものは、そのまま型《かた》をとって細工物《さいくもの》に作《つく》り、十二、三歳《さい》の頃《ころ》には、**大巾木綿《おおはばもめん》**を裁《た》って、思《おも》うままに着物《きもの》を仕立《した》てられ、**機織《はたお》り**も、人並優《ひとなみすぐ》れて織《お》りこなされた。又《また》、信心深《しんじんぶか》い家風《かふう》の中《なか》に育《そだ》つうちに、いつしか習《なら》い覚《おぼ》えて**浄土和讃《じょうどわさん》**を暗誦《あんしょう》されたのも、その頃《ころ》である。

【12ページ】

【大巾木綿・おおはばもめん】
和服地の並幅（約36センチメートル）に対して、倍の72センチメートル前後の幅の木綿地。

【寺子屋・てらこや】

江戸時代、庶民の子弟のための教養機関。武士・僧侶・医者・神職などが師となり、読み、書き、そろばんなどを教えた。

復元された寺子屋の様子

【機織り・はたおり】

機（手足で操作する布を織る機械）を使って布を織ること。

大和地方で一般に使用された「大和機」（大阪府柏原《かしわら》市立歴史資料館蔵）

【浄土和讃・じょうどわさん】

仏教歌謡の一つで、日本語で仏徳、浄土（仏菩薩《ぶつぼさつ》の住む清浄《しょうじょう》な国土のこと）などを讃《たた》えたもの。

前川家の檀那《だんな》寺であった迎乗寺《こうじょうじ》
（天理市丹波市《たんばいち》町）

庄屋敷村《しょやしきむら》の中山家《なかやまけ》へ嫁《とつ》いでいた叔母《おば》きぬが、姪《めい》の人並優《ひとなみすぐ》れた天分《てんぶん》を見込《みこ》んで、是非《ぜひ》、倅善兵衛《せがれぜんべえ》の嫁《よめ》にほしいと懇望《こんもう》した。両親《りょうしん》からこの話《はなし》を当人《とうにん》の耳《みみ》に入《い》れた処《ところ》、生来身体《せいらいからだ》が余《あま》り丈夫《じょうぶ》でない処《ところ》から、浄土《じょうど》に憧《あこが》れ、かねて尼《あま》になりたいと思《おも》われていた頃《ころ》の事《こと》とて、返事《へんじ》を渋《しぶ》っておられたが、両親《りょうしん》から、嫁《か》して夫《おっと》に仕《つか》えるこそ清浄《しょうじょう》な婦道《ふどう》である、と、懇《ねんご》ろに諭《さと》される言葉《ことば》に納得《なっとく》して、

「そちらへ参《まい》りましても、夜業《よなべ》終《お》えて後《のち》は、念仏唱《ねんぶつとな》える事《こと》をお許《ゆる》し下《くだ》さる様《よう》に。」

との希望《きぼう》を添《そ》えて、承知《しょうち》された。

かくて、文化《ぶんか》七年《ねん》九月《がつ》十五日《にち》、振袖姿《ふりそですがた》で駕籠《かご》に乗《の》り、五荷《ごか》の荷《に》を持《も》って、庄屋敷村《しょやしきむら》の中山家《なかやまけ》の人《ひと》となられた。時《とき》に、教祖《おやさま》十三歳《さい》であった。

【13ページ】

【尼・あま】

出家《しゅっけ》して仏門に入った女性。

【念仏・ねんぶつ】

心に仏の姿や功徳を思い浮かべ、口に仏名《ぶつみょう》を唱えること。特に阿弥陀仏《あみだぶつ》の名号《みょうごう》・南無《なむ》阿弥陀仏を唱えること。

【振袖・ふりそで】

丈《たけ》の長い袖。また、その袖のついた着物。小袖の袖丈を長く仕立てたものをいい、元服《げんぷく》前の男女ともに用いた。現在は未婚女性の礼装用。

【駕籠・かご】

人の座る部分を木や竹でつくって棒につるし、前後から担《かつ》いで運ぶ乗り物。

教祖お嫁入りの仮装行列（昭和10年）

【五荷の荷・ごかのに】

嫁入りの際の荷物で、箪笥《たんす》二本、長持《ながもち》二差《さし》、両掛《りょうかけ》一荷《か》の五つをいう。両掛とは、挟《はさみ》箱《ばこ》や小形のつづらを天秤棒《てんびんぼう》の両端につけて担《にな》うもの。大和地方の一般の民家では、三荷の荷が用いられた。

長持

両掛

嫁《とつ》がれた教祖《おやさま》は、両親《りょうしん》にはよく孝養《こうよう》を尽《つく》し、夫《おっと》にはよく仕《つか》えて些《いささ》かも逆《さか》らうこと無《な》く、一家睦《いっかむつ》まじく楽《たの》しく暮《くら》された。（中略）
衣服髪飾《いふくかみかざ》りなど、すべて質素《しっそ》で地味《じみ》なものを好《この》まれ、身《み》なりには少《すこ》しも頓着《とんちゃく》なさらなかった。十四歳《さい》で里帰《さとがえ》りされた折《おり》には、着物《きもの》は派手《はで》な振袖《ふりそで》であるのに、髪《かみ》は三十女《おんな》の結《ゆ》う**両輪**《りょうわ》であったから、村人達《むらびとたち》は、三十振袖《ふりそで》。と、私語《ささや》き合《お》うた。

【14ページ】

【両輪・りょうわ】
江戸時代の女性の髪形の一つ。まげを二つ作って固定し、余った毛を巻きあげた形。

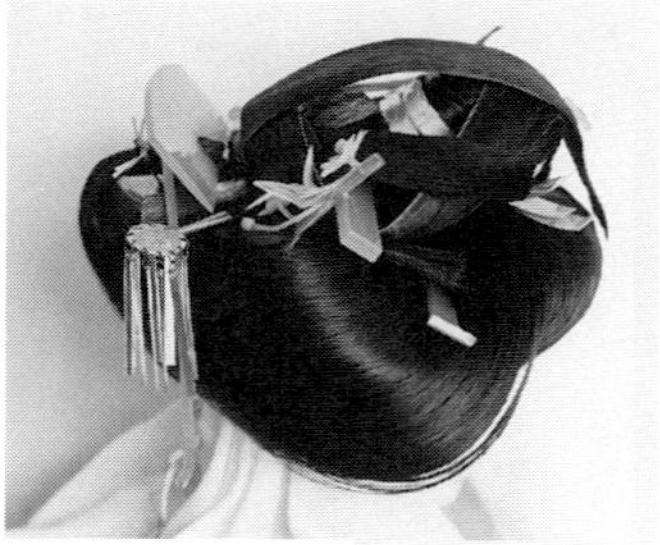

その頃《ころ》、近在《きんざい》では綿《わた》を多《おお》く作《つく》っていたが、綿木引《わたぎひ》きをしても人《ひと》の倍《ばい》も働《はたら》かれ、一日《にち》に男《おとこ》は二段《たん》、女《おんな》は一段半《たんはん》が普通《ふつう》と言《い》われていたのに、女《おんな》の身《み》でありながら二段半《たんはん》もお抜《ぬ》きなされた。機織《はたお》りは、どのように込《こ》み入《い》った絣《かすり》でも、自分《じぶん》で考《かんが》えて組《く》み立《た》てて、自由自在《じゆうじざい》に織《お》り上《あ》げられた。しかも、普《ふ》通二日《つうふつか》かかるものを一日《にち》で織《お》り上《あ》げられる事《こと》も度々《たびたび》あった。

その上《うえ》、親族知人《しんぞくちじん》や隣近所《となりきんじょ》の気受《きうけ》もよく、家《いえ》においた人々《ひとびと》には、いつも優《やさ》しい言葉《ことば》をかけて労《いたわ》り、仕事休《しごとやす》みの時《とき》などは、自《みずか》ら弁当《べんとう》を作《つく》って遊《ゆ》山《さん》に出《だ》してやるなど、到《いた》れり尽《つく》せりの行《ゆ》き届《とど》き方《かた》であった。両親《りょうしん》もこの様子《ようす》を見《み》て、十六歳《さい》の年《とし》には、全《まった》く安心《あんしん》して所帯《しょたい》を任《まか》せた。

こうして家事《かじ》に丹精《たんせい》し家業《かぎょう》に励《はげ》まれる一方《いっぽう》、時《とき》たまの説法聴聞《せっぽうちょうもん》や寺詣《てらまい》りを無上《むじょう》の悦《よろこ》びとなされ、文化《ぶんか》十三年春《ねんはる》、十九歳《さい》の時《とき》、勾田村《まがたむら》の善福寺《ぜんぷくじ》で**五重相伝**《ごじゅうそうでん》を受《う》けられた。

【15～16ページ】

【段・たん】

土地の面積の単位で、「反」とも書く。一段は三百歩《ぶ》（坪《つぼ》）で、約九九一・七平方メートル。


【絣・かすり】

部分的に染めた織り糸を使い、擦《す》ったような模様を織り出した織物。

【遊山・ゆさん】
野山に遊びに行くこと。気晴らしに遊びに出かけること。行楽。

【五重相伝・ごじゅうそうでん】

浄土宗の極意《ごくい》を伝える儀式。これを受けた者は浄土宗の信仰の極致《きょくち》に到達し得たものとされる。

教祖が「五重相伝」を受けられた善福寺（天理市勾田町）

出産《しゅっさん》の度毎《たびごと》にお乳《ちち》は十分《ぶん》にあったので、毎度《まいど》、乳不足《ちちぶそく》の子供《こども》に乳《ちち》を与《あた》えられたが、三十一歳《さい》の頃《ころ》、近所《きんじょ》の家《いえ》で、子供《こども》を五人《にん》も亡《な》くした上《うえ》、六人《にん》目《め》の男《おとこ》の児《こ》も、乳不足《ちちぶそく》で育《そだ》てかねているのを見《み》るに忍《しの》びず、親切《しんせつ》にも引《ひ》き取《と》って世話《せわ》しておられた処《ところ》、計《はか》らずもこの預《あず》り子《ご》が**疱瘡**《ほうそう》に罹《かか》り、一心《いっしん》こめての看病《かんびょう》にも拘《かかわ》らず、十一日目《にちめ》には黒疱瘡《くろぼうそう》となった。医者《いしゃ》は、とても救《たす》からん。と、匙《さじ》を投《な》げたが、教祖《おやさま》は、

「我《わ》が世話《せわ》中《ちゅう》に死《し》なせては、何《なん》とも申訳《もうしわけ》ない。」

と、思《おも》われ、**氏神**《うじがみ》に百日《ひゃくにち》の**跣足詣**《はだしまい》**り**をし、天《てん》に向《む》って、**八百万**《やおよろず》**の神々**《かみがみ》に、

「無理《むり》な願《ねがい》では御座《ござ》いますが、預《あず》り子《ご》の疱瘡難《ほうそうむつか》しい処《ところ》、お救《たす》け下《くだ》さいませ。その代《かわ》りに、男子《だんし》一人《ひとり》を残《のこ》し、娘《むすめ》二人《ふたり》の命《いのち》を身代《みがわ》りにさし出《だ》し申《もう》します。それでも不足《ふそく》で御座《ござ》いますれば、願満《がんみ》ちたその上《うえ》は私《わたし》の命《いのち》をも差上《さしあ》げ申《もう》します。」

と、一心《いっしん》こめて祈願《きがん》された。預《あず》り子《ご》は日一日《ひにち》と快方《かいほう》に向《むか》い、やがて全快《ぜんかい》した。【20～21ページ】

【疱瘡・ほうそう】

天然痘《てんねんとう》のこと。高熱を発し、死亡率も高かった。病状が進み末期になると、黒い瘢痕《はんこん》を生ずるところから「黒疱瘡」と呼ばれた。


【氏神・うじがみ】

元来は氏の祖先の霊を神として祀《まつ》ったもの。氏族神。のちには、住む土地の鎮守《ちんじゅ》の神をもいう。産土神《うぶすながみ》。

中山家の東側にあった氏神・春日神社

【跣足詣り・はだしまいり】
病気平癒《へいゆ》、諸願成就《じょうじゅ》を祈るため、日数を限って、はだしで神社に詣《もう》でること。

【八百万の神々・やおよろずのかみがみ】

数多くの神々をいう。多神教である日本神道《しんとう》の多数の神々のこと。

その後《ご》も、慈愛《じあい》は深《ふか》く、施《ほどこ》しは弘《ひろ》く、或《あるい》は手織木綿《ておりもめん》を施《ほどこ》し、或《あるい》は白米《はくまい》を施《ほどこ》されるなど、凶作《きょうさく》、飢饉《ききん》と相次《あいつ》いだ天保《てんぽう》の頃《ころ》には、施《ほどこ》しは更《さら》に一層《いっそう》繁《しげ》く且《か》つ夥《おびただ》しくなった。

【22ページ】

【飢饉・ききん】
農作物がみのらず、食物が欠乏して、飢え苦しむこと。江戸時代の、享保《きょうほう》、天明《てんめい》、天保《てんぽう》の飢饉は〝三大飢饉〟と呼ばれている。天保年間、特に天保四〜七年には全国的な飢饉に見舞われた。米価は狂騰《きょうとう》し、餓死《がし》する者も多く、一揆《いっき》・打ちこわしがあちこちに発生して、幕藩体制の危機が激化した。

『荒歳流民救恤図《こうさいりゅうみんきゅうじゅつず》』（天理図書館蔵）
天保７年から９年にかけて京都三条河原で流民のために建てられた御助《おすくい》小屋の様子を描いたもの

◎第三章

みちすがら

月日のやしろとなられた教祖《おやさま》は、親神《おやがみ》の思召《おぼしめし》のまにまに、

「貧《ひん》に落《お》ち切《き》れ。」

と、急込《せきこ》まれると共《とも》に、嫁入《よめい》りの時《とき》の荷物《にもつ》を初《はじ》め、食物《たべもの》、着物《きもの》、金銭《きんせん》に到《いた》るまで、次々《つぎつぎ》と、困《こま》っている人々《ひとびと》に施《ほどこ》された。（中略）

教祖《おやさま》の言《い》われる事《こと》なさる事《こと》が、全《まった》く世《よ》の常《つね》の人《ひと》と異《こと》って来《き》たので、善兵衛《ぜんべえ》初《はじ》め家族親族《かぞくしんぞく》の者達《ものたち》は、気《き》でも違《ちが》ったのではあるまいか、又《また》、何《なに》かの**憑《つ》きもの**ではあるまいか、と心配《しんぱい》して、松葉《まつば》を燻《くす》べたり、線香《せんこう》を焚《た》き、護摩《ごま》を焚《た》きなどして、気《き》の間違《まちが》いならば正気《しょうき》になれ、憑《つ》きものならば退散《たいさん》せよ。と、有《あ》らん限《かぎ》りの力《ちから》を尽《つく》した。

【23～24ページ】

【憑きもの・つきもの】

人に、動物やものがとり憑く現象。また、そのとり憑いたものをいう。憑くものとしては、狐《きつね》、狸《たぬき》、蛇《へび》、猫《ねこ》、犬神などがよく知られている。


こうして、家財道具《かざいどうぐ》に至《いた》るまで施《ほどこ》し尽《つく》されて後《のち》、ある日《ひ》の刻限話《こくげんばなし》に、

「この家形《やかた》取《と》り払《はら》え。」

と、仰《おお》せられた。余《あま》りの事《こと》に、善兵衛《ぜんべえ》も容易《ようい》には承知《しょうち》しなかった。すると、教祖《おやさま》は、不思議《ふしぎ》にも、身上《みじょう》の悩《なや》みとなられ、二十日間《はつかかん》食事《しょくじ》も摂《と》らず床《とこ》について了《しま》われた。親族《しんぞく》の人々《ひとびと》を呼《よ》び集《あつ》め、相談《そうだん》の上《うえ》、伺《うかが》うと、

「今日《きょう》より、巽《たつみ》の角《すみ》の瓦《かわら》下《お》ろしかけ。」

との事《こと》である。やむなく、前川半三郎《まえがわはんざぶろう》と男衆《おとこし》の宇平《うへい》の二人《ふたり》が、仰《おお》せ通《どお》り瓦《かわら》を下《お》ろしかけると、教祖《おやさま》の身上《みじょう》の悩《なや》みは、即座《そくざ》に治《おさ》まった。


【25ページ】

【巽・たつみ】

十二支《し》で表した方位で辰《たつ》と巳《み》の間、南東の方角。

方位の図

ある日《ひ》のこと、突如《とつじょ》として、

「明日《あす》は、家《いえ》の高塀《たかべい》を取《と》り払《はら》え。」

と、啓示《おつげ》があった。親族《しんぞく》も友人《ゆうじん》も、そんな無法《むほう》な事《こと》。と言《い》って強《つよ》く反対《はんたい》したが、親神《おやがみ》はどうしても聞《き》き容《い》れなさらず、この双方《そうほう》の間《あいだ》に立《た》って、善兵《ぜんべ》衛《え》の立場《たちば》の苦《くる》しさは察《さっ》するに余《あま》りあった。


【28ページ】


【高塀・たかべい】

草葺《くさぶ》き大和《やまと》屋根の両端に、二、三列の瓦《かわら》を葺き、妻面《つまめん》（側面の三角形の壁面）を白壁で塗《ぬ》り固めたもの。防火のためなどの諸説があるが、家の格式を表すシンボルでもあった。「うだつ」とも呼ばれる。

教祖誕生殿の高塀
（天理市三昧田町）

この間《あいだ》にも、人《ひと》だすけのために、田地《でんじ》にまで手《て》をつけて、施《ほどこ》し続《つづ》けられる折柄《おりから》、嘉永《かえい》六年《ねん》二月《がつ》二十二日《にち》、善兵衛《ぜんべえ》は六十六歳《さい》を一期《いちご》として出直《でなお》した。

（中略）

善兵衛《ぜんべえ》の出直《でなおし》に拘《かかわ》らず、その年《とし》、親神《おやがみ》のお指図《さしず》で、こかんは、忍坂村《おっさかむら》の又吉外二人《またきちほかふたり》をつれて、親神《おやがみ》の御名《みな》を流《なが》すべく**浪速**《なにわ》の町《まち》へと出掛《でか》けた。父《ちち》の出直《でなおし》という人生《じんせい》の悲《かな》しい出来事《できごと》と、世界《せかい》たすけの門出《かどで》たるにをいがけの時《とき》旬《しゅん》とが、立《た》て合《お》うたのである。

その日《ひ》、こかんの一行《いっこう》は、早朝《そうちょう》に庄屋敷村《しょやしきむら》を出発《しゅっぱつ》して西《にし》へ向《むか》い、竜田《たつた》村《むら》を過《す》ぎ**十三峠**《じゅうさんとうげ》を越《こ》えて**河内**《かわち》に入《い》り、更《さら》に西《にし》へ進《すす》んで、道頓堀《どうとんぼり》に宿《やど》をとり、翌早朝《よくそうちょう》から、往来激《ゆききはげ》しい街角《まちかど》に立《た》った。

【32～33ページ】

【浪速・なにわ】

大阪市およびその付近の古称。

【河内・かわち】

大阪府東部の旧国名。

奈良県周辺の旧国名

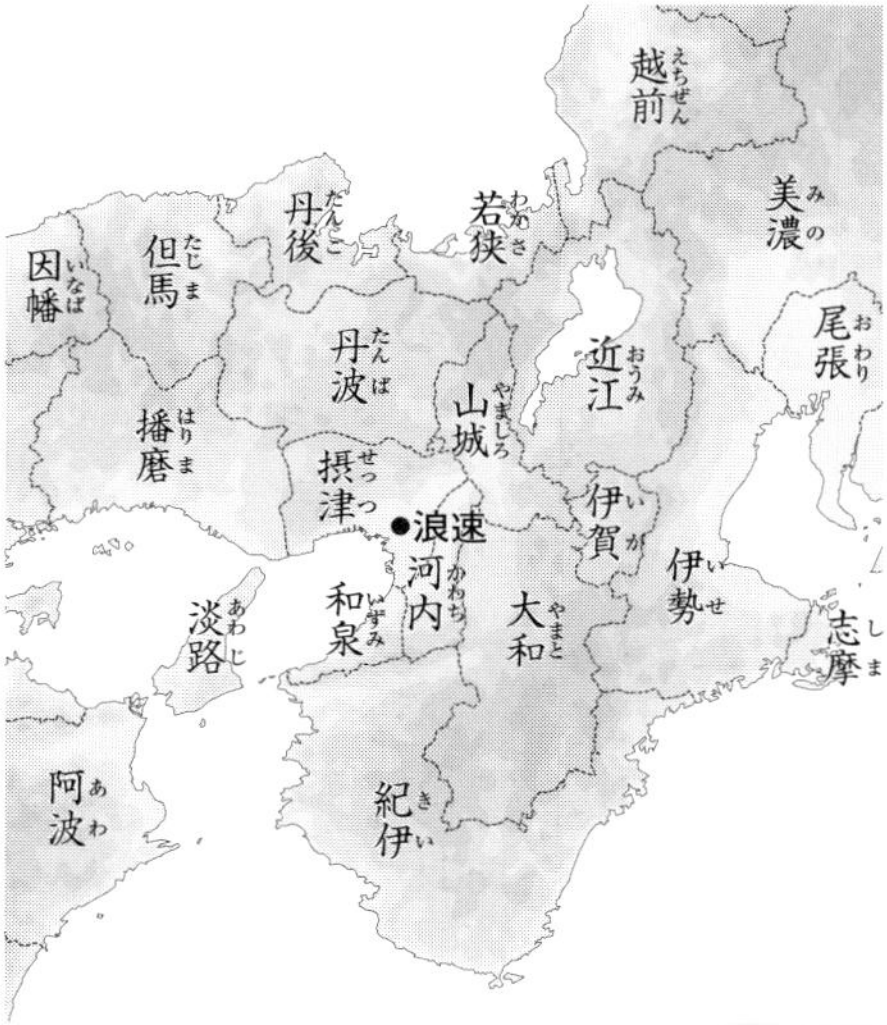

【十三峠・じゅうさんとうげ】

生駒《いこま》山南部、現在の生駒郡平群《へぐり》町字福《ふ》貴畑《きはた》と大阪府八尾《やお》市神立《こうだち》の間にある。標高四三〇メートル。大和と河内を結ぶ道として、暗峠《くらがり》と並ぶ商業通路であった。

十三峠から大阪方面を望む

「こかん様の画」(清水静湖作)

寛政のころの道頓堀の賑わいを描いた
「摂津《せっつ》名所《めいしょ》図会《ずえ》」(天理図書館蔵)

かねて、買手《かいて》を捜《さが》しておられた中山家《なかやまけ》の母屋《おもや》も、望《のぞ》む人《ひと》があって、いよいよ売《う》られる事《こと》となった。母屋取毀《おもやとりこぼ》ちの時《とき》、教祖《おやさま》は、

「これから、世界《せかい》のふしんに掛《かか》る。祝《いお》うて下《くだ》され。」

と、仰《おお》せられながら、いそいそと、人夫達《にんぷたち》に酒肴《さけさかな》を出《だ》された。


【34ページ】


【母屋・おもや】

家の中央の部分。付属の建物に対して、中心となる住居のための主要な建物を指す。

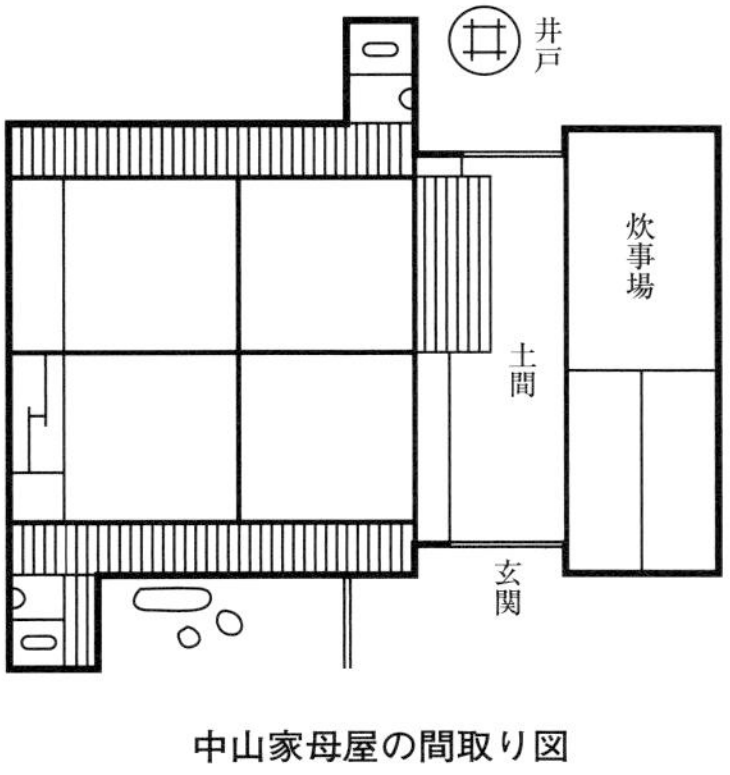

中山家母屋の間取り図

嘉永《かえい》七年《ねん》、教祖《おやさま》五十七歳《さい》の時《とき》、おはるが、初産《ういざん》のためお屋敷《やしき》へ帰《かえ》っていた。その時《とき》、教祖《おやさま》は、

「何《なん》でも彼《か》でも、内《うち》からためしして見《み》せるで。」

と、仰《おお》せられて、腹《おなか》に息《いき》を三度《ど》かけ、同《おな》じく三度《ど》撫《な》でておかれた。これがをびや許しの始《はじ》まりである。

その年《とし》十一月《がつ》五日《か》出産《しゅっさん》の当日《とうじつ》、**大地震《おおじしん》**があって、**産屋《うぶや》**の後《うしろ》の壁《かべ》が一坪《ひとつぼ》余《あま》りも落《お》ち掛《かか》ったが、おはるは、心《こころ》も安《やす》く、いとも楽々《らくらく》と男《おとこ》の児《こ》を産《う》んだ。

【35～36ページ】

【大地震《おおじしん》】

嘉永七年（一八五四年）十一月四、五日に起こった地震は、日本史上まれにみる大きな地震で、俗に「安政《あんせい》の大地震」と呼ばれる（この年十一月二十七日に「安政」と改元）。出産の当日である五日の地震は、土佐《とさ》沖を震源とするもので、死者三千人を数えたという。

【産屋・うぶや】

出産のための部屋。多くは家の中の一室をあて、納戸《なんど》などを用いた。

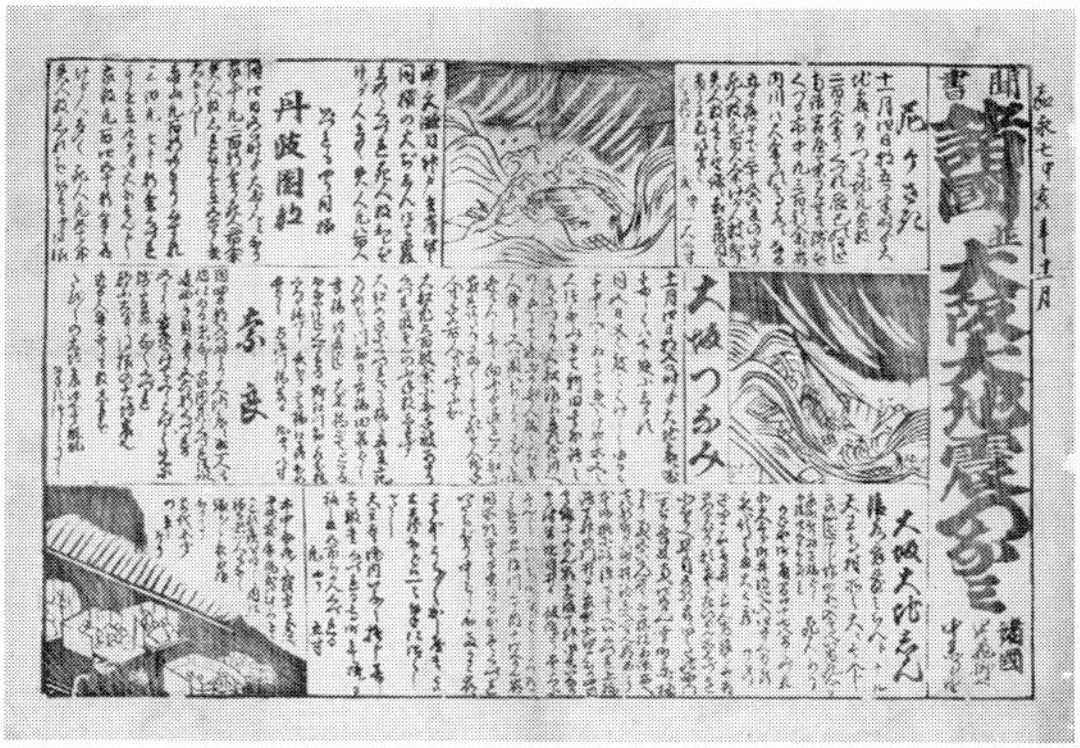

嘉永７年の大地震の被害状況を伝える「かわら版」（天理図書館蔵）

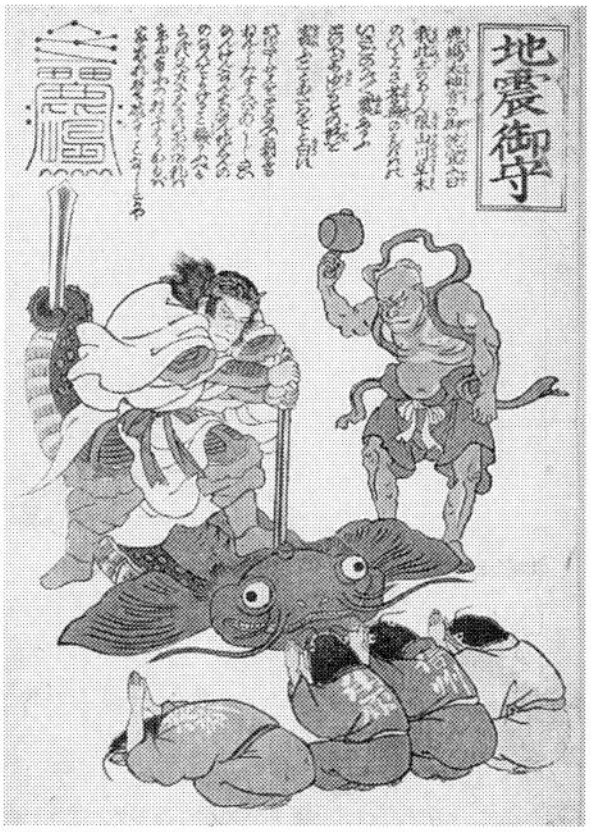

地震の元凶とされる大なまずを攻め立てる「鯰《なまず》絵《え》」が流行した（天理図書館蔵）

当時の産屋の様子

その翌日《よくじつ》、お屋敷《やしき》へ来《き》た、村人《むらびと》の清水惣助《しみずそうすけ》の妻《つま》ゆきは、おはるが元気《げんき》に立《た》ち働《はたら》いているのを見《み》て、不思議《ふしぎ》な守護《しゅご》に感《かん》じ入《い》り、私《わたし》もお産《さん》の時《とき》に、お願《ねが》いすれば、このように御守護《ごしゅご》を頂《いただ》けましょうか。と、伺《うかご》うた処《ところ》、教祖《おやさま》は、

「同《おな》じ事《こと》や。」

と、仰《おお》せられた。

やがて、ゆきは妊娠《にんしん》して、をびや許しを願《ねが》い出《で》た。教祖《おやさま》は、おはるになさったと同《おな》じように、三度息《どいき》をかけ三度腹《どおなか》を撫《な》でて、

「人間思案《にんげんしあん》は一切要《いっさいい》らぬ。親神様《おやがみさま》に凭《もた》れ安心《あんしん》して産《う》ませて頂《いただ》くよう。」

と、諭《さと》された。ゆきは、をびや許しを頂《いただ》いたものの、教祖《おやさま》のお言葉《ことば》に十《じゅう》分《ぶん》凭《もた》れ切《き》れず、**毒忌《どくい》み**、**凭《もた》れ物《もの》**など昔《むかし》からの習慣《しゅうかん》に従《したが》うと、産後《さんご》の熱《ねつ》で三十日程《にちほど》臥《ふ》せって了《しま》った。そこで、教祖《おやさま》に伺《うかご》うてもらうと、

「疑《うたが》いの心《こころ》があったからや。」

と、仰《おお》せられた。ゆきは、このお言葉《ことば》を聞《き》いた途端《とたん》、成程《なるほど》、と、深《ふか》く感銘《かんめい》して、心《こころ》の底《そこ》から懺悔《さんげ》した。

【36～37ページ】

【毒忌み・どくいみ】
妊娠中は避けるべきものとして戒《いまし》められている飲食のこと。一般に出産後、背の青い魚（いわし、さばなど）、また精の強い野菜（たけのこ、しいたけ、わらび、しょうがのようなもの）は食べてはいけないといわれた。また、柿《かき》は腹を冷やし、渋が産後には毒として忌《い》まれた。

【凭れ物・もたれもの】
出産の時、産婦が凭れる物。主に藁《わら》を用いた。

安政《あんせい》二年《ねん》の頃《ころ》には、残《のこ》った最後《さいご》の**三町歩**《ちょうぶ》余《あま》りの田地《でんじ》を、悉《ことごと》く同村《どうそん》の足《あ》達重助《だちじゅうすけ》へ**年切質**《ねんきりじち》に書《か》き入《い》れなされた。

家族《かぞく》の者《もの》は、親神《おやがみ》の思召《おぼしめし》のままに、田畑《たはた》に出《で》る時《とき》にも常《つね》に木綿《もめん》の**紋**《もん》**付**《つき》を着《き》ていたので、近村《きんそん》の人々《ひとびと》は、庄屋敷村《しょやしきむら》の紋付《もんつき》さんと呼《よ》んでいたが、中《なか》でも青物《あおもの》や柴《しば》を商《あきの》うて近村《きんそん》を歩《ある》く秀司《しゅうじ》の姿《すがた》は、特《とく》に人目《ひとめ》に付《つ》いたので、村人達《むらびとたち》は、紋付《もんつき》さん紋付《もんつき》さん。と親《した》しんだ。

【38〜39ページ】

【町歩・ちょうぶ】
田畑や山林などの面積を「町」を単位として数えるのに用いる語。一町は一〇段《たん》(反)で、三〇〇〇歩(坪《つぼ》)をいい、約九九・一七アール(九九一七平方メートル)。

【年切質・ねんきりじち】
田地を、年限を切って質入れすること。

【紋付・もんつき】
紋所《もんどころ》を染め抜いた衣服。和装の礼服とされる。

教祖《おやさま》の五十六歳《さい》から凡《およ》そ十年《ねん》の間《あいだ》は、まことに容易《ようい》ならぬみちすがらであった。働《はたら》き盛《ざか》りの秀司《しゅうじ》も、娘盛《むすめざか》りのこかんも、一日《にち》として、これはと言《い》う日《ひ》もない中《なか》を、ひたすら、教祖《おやさま》の思召《おぼしめし》のままに素直《すなお》に通《とお》った。

秋祭《あきまつり》の日《ひ》に、村《むら》の娘達《むすめたち》が着飾《きかざ》って楽《たの》しげに歩《ある》いているのに、わたしは、一人淋《ひとりさび》しく道行《みちゆ》く渡御《とぎょ》を眺《なが》めていました。と、こかんが、後日《ごじつ》になって述《じゅっ》懐《かい》したのもこの頃《ころ》の事《こと》である。

六十の坂《さか》を越《こ》えられた教祖《おやさま》は、更《さら》に酷《きび》しさを加《くわ》える難儀不自由《なんぎふじゆう》の中《なか》を、おたすけの暇々《ひまひま》には、仕立物《したてもの》や糸紡《いとつむ》ぎをして、徹夜《よどおし》なさる事《こと》も度々《たびたび》あった。

月《つき》の明《あか》るい夜《よる》は、

「お月様《つきさま》が、こんなに明《あか》るくお照《て》らし下《くだ》されている。」

と、月《つき》の光《ひかり》を頼《たよ》りに、親子《おやこ》三人《にん》で糸《いと》を紡《つむ》がれた。秀司《しゅうじ》もこかんも手伝《てつど》うて、一日《にち》に五百**匁**《ひゃくもんめ》も紡《つむ》がれ、

「このように沢山出来《たくさんでき》ましたかや。」

と仰《おお》せられる日《ひ》もあった。

【39~40ページ】

【秋祭・あきまつり】
秋に新穀《しんこく》を得て、収穫の感謝を神に捧《ささ》げる祭りを指すことが多い。ここでは、石上《いそのかみ》神宮において十月十五日に行われるものを指す。この日、田《た》村の厳島《いつくしま》神社まで神輿《みこし》の渡御が行われる。渡御とは、高貴な人、また、祭りの神輿がおでましになること。

【匁・もんめ】
重さの単位。一匁は一貫《かん》の一〇〇〇分の一で、約三・七五グラム。

石上神宮の渡御祭

をびや許しは、人間宿《にんげんやど》し込《こ》みの親里《おやざと》である元のやしきから出《だ》す安産《あんざん》の許《ゆる》しである。

たいないゑやどしこむのも月日なり
むまれだすのも月日せわどり　　六　131

胎内《たいない》へ宿《やど》るのも生《う》れ出《で》るのも、皆親神《みなおやがみ》の守護《しゅご》による。をびや許しを受《う》けた者《もの》は、必《かなら》ず皆《みな》引《ひ》き受《う》けて安産《あんざん》さす。をびや一切常《いっさいつね》の通《とお》り、**腹帯《はらおび》**いらず、毒忌《どくい》みいらず、凭《もた》れ物《もの》いらず、**七十五日《にち》の身《み》のけがれ**も無《な》し。と、教《おし》えられた。このをびや許しが、よろづたすけの道《みち》あけとなって、教祖《おやさま》の六十五、六歳《さい》の頃《ころ》、即《すなわ》ち文久《ぶんきゅう》二、三年《ねん》には、庄屋敷村《しょやしきむら》のをびや神様《かみさま》の名《な》が、次第《しだい》に大和国中《やまとのくにじゅう》に高《たか》まるにつけ、金銭《きんせん》の無心《むしん》を言《い》う者《もの》も出《で》て来《き》た。並松村《なんまつむら》で**稲荷《いなり》下《さ》げ**をする者《もの》が来《き》た時《とき》は、先方《せんぽう》の請《こ》いに委《まか》せて二両《りょう》二分《ぶ》を与《あた》えられた。

【43～44ページ】

【腹帯・はらおび】
妊婦の下腹に巻く帯のこと。犬のお産が軽いことから、妊娠五カ月目の最初の戌《いぬ》の日に巻くと安産できるとされた。

【七十五日の身のけがれ・しちじゅうごにちのみのけがれ】

お産を不浄、けがれたものと見なし、産婦のけがれが解消するには七十五日を要するという風説。この間は、針仕事や機織《はた》り、また神仏への参詣《さんけい》などが禁じられた。


【稲荷下げ・いなりさげ】

各地にある稲荷神社は、本来、農耕神として崇《あが》められた田の神が母胎《ぼたい》となっている。その田の神の使いとして霊獣視された狐《きつね》が次第に神格化され、その狐神の託宣《たくせん》を得て、天候や作物の豊凶、縁談等、万般の伺いを行うことを稲荷下げという。


文久《ぶんきゅう》三年《ねん》三月《がつ》四日《か》、忠作《ちゅうさく》が初《はじ》めて参詣《さんけい》して、妹《いもうと》くら――の気《き》の間違《まちが》いに就《つ》いて伺《うかご》うてもらうと、教祖《おやさま》は、

「此所八方《このところはっぽう》の神《かみ》が治《おさ》まる処《ところ》、天理王命《てんりおうのみこと》と言《い》う。**ひだるい**所《ところ》へ飯《まま》食《た》べたようにはいかんなれど、日々薄《にちにちうす》やいで来《く》る程《ほど》に。」

と、仰《おお》せられた。忠作《ちゅうさく》は、教《おし》えられるままに、家《いえ》に帰《かえ》って朝夕《あさゆう》拍子木《ひょうしぎ》をたたいて、

「なむ天理王命《てんりおうのみこと》、なむ天理王命《てんりおうのみこと》。」

と、繰《く》り返《かえ》し繰《く》り返《かえ》し唱《とな》えて、勤《つと》めていたが、一向《いっこう》に利《り》やくが見《み》えない。そこで、又《また》お屋敷《やしき》へ帰《かえ》って、未《ま》だ治《なお》りませぬが、どうした訳《わけ》で御座《ござ》いましょうか。と、伺《うかご》うてもらうと、教祖《おやさま》は、

「つとめ短《みじか》い。」

と、仰《おお》せられた。これを聞《き》いた時《とき》、忠作《ちゅうさく》はハッと心《こころ》に思《おも》い当《あた》った。それは、当時《とうじ》のつとめは、ただ拍子木《ひょうしぎ》をたたいて繰《く》り返《かえ》し繰《く》り返《かえ》し神名《かみな》を唱《とな》えるだけで、未《ま》だ手振《てぶ》りもなく、回数《かいすう》の定《さだ》めもなく、線香《せんこう》を焚《た》いて時間《じかん》を計《はか》っていたのであるが、忠作《ちゅうさく》は、一本立《ぽんた》てるべき線香《せんこう》を半分《はんぶん》に折《お》っていた。これに気付《きづ》いたので、早速《さっそく》お詫《わ》び申上《もうしあ》げ、家《いえ》に戻《もど》り、線香《せんこう》を折《お》らずに、毎朝毎晩熱心《まいあさまいばんねっしん》に勤《つと》めた。するとくらの患《わずら》いは、薄紙《うすがみ》を剥《は》ぐように次第《しだい》に軽《かる》くなって、間《ま》もなく全快《ぜんかい》した。

【44～46ページ】

【ひだるい】

ひもじい。空腹である。

【拍子木・ひょうしぎ】

二つを打ち合わせて鳴らす、四角い柱状の木。本教における最初期のおつとめは、拍子木を打ち鳴らしながら「なむ天理王命」と繰り返し唱えるもので、時間は線香一本分とされたという。

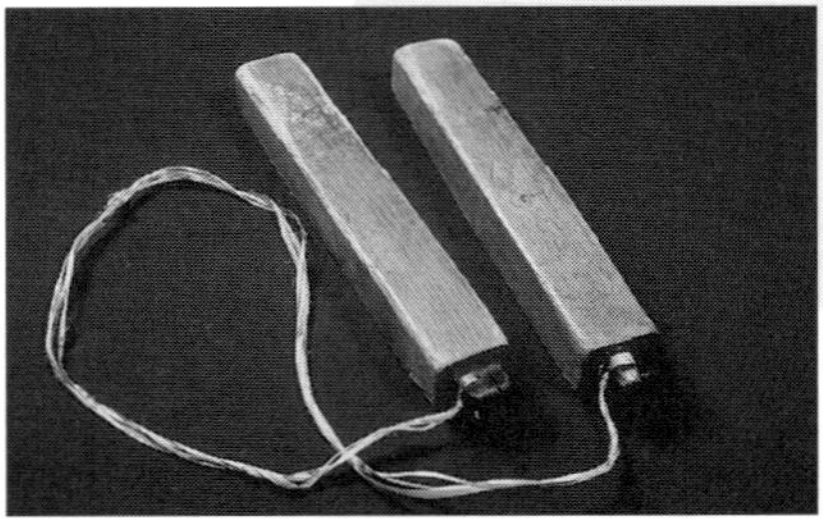

講社のおつとめで使われていた拍子木

【線香・せんこう】

線状に固めた香。火をつけて仏前に供える。

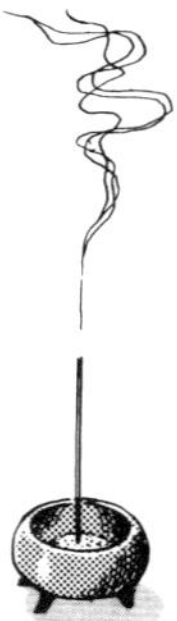

線香

元治元年《がんじがんねん》の春《はる》から、教祖《おやさま》は、熱心《ねっしん》に信心《しんじん》する人々《ひとびと》に、扇《おうぎ》のさづけを渡《わた》された。これを頂《いただ》いた者《もの》は、五、六十人《にん》あったが、山中忠七《やまなかちゅうしち》と仲田佐右《なかたさ》衛門《えもん》は、それぞれ扇《おうぎ》、御幣《ごへい》、肥《こえ》まるきりのさづけを頂《いただ》いた。同年《どうねん》十二月《がつ》二十六日《にち》には、辻忠作外数名《つじちゅうさくほかすうめい》の者《もの》がさづけを頂《いただ》いた。この時《とき》、教祖《おやさま》から、

「前栽《せんざい》、喜三郎《きさぶろう》、平骨《ひらぼね》の扇渡《おうぎわた》す、これ神《かみ》と思《おも》うて大切《たいせつ》に祀《まつ》れ。」

「同《おなじく》、善助《ぜんすけ》、黒骨《くろぼね》の扇渡《おうぎわた》す。」

「同《おなじく》、幸右衛門《こうえもん》、御幣《ごへい》、肥授《こえさず》けよう。豊田《とよだ》、忠作《ちゅうさく》、御幣《ごへい》、肥授《こえさず》けよう。これ末代《まつだい》と悟《さと》れ。長《なが》の道中《どうちゅう》、路金《ろぎん》なくては通《とお》られようまい。路金《ろぎん》として肥授《こえさず》けよう。」

と、お言葉《ことば》を頂《いただ》いた。

【47〜48ページ】

【扇のさづけ・おうぎのさづけ】

授けられた扇を使って神意を悟ることができるというお許しのこと。

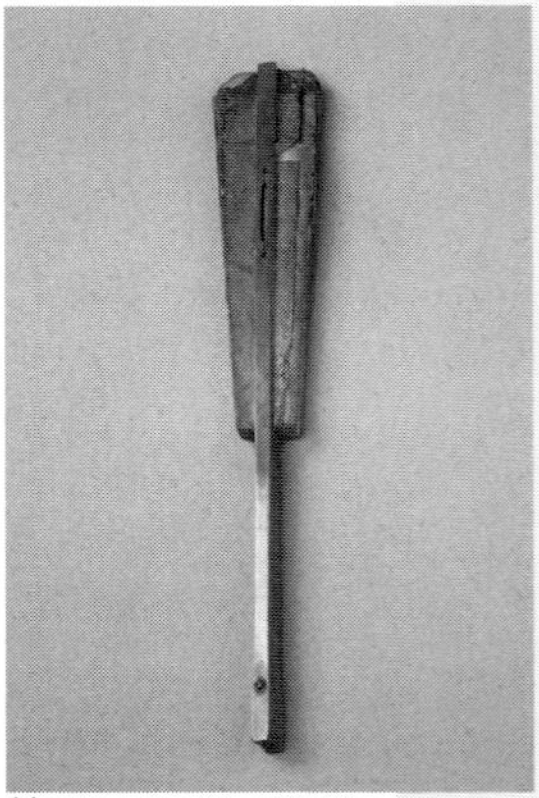

桝井《ますい》家の扇　桝井きくは慶応2年に扇のさづけを頂いた

【路金・ろぎん】

旅に必要な金銭、旅費のこと。

【肥のさづけ・こえのさづけ】

土と灰と糠《ぬか》を三合ずつ神前に供えて混ぜ合わせ、田畑に置くと、肥一駄《だ》（二俵分）に相当する効験《こうけん》があるというお許し。

後《のち》の本席《ほんせき》・飯降伊蔵《いぶりいぞう》が、初《はじ》めて参詣《さんけい》したのは、この頃《ころ》の事《こと》である。

元治元年《がんじがんねん》五月《がつ》のある日《ひ》、伊蔵《いぞう》が参詣《さんけい》して、こかんに、妻《つま》が産後《さんご》の煩《わずら》いから寝《ね》ついている旨《むね》を述《の》べ、おたすけを願《ねが》った。こかんが、この由《よし》を教祖《おやさま》に取《と》り次《つ》ぐと、教祖《おやさま》は、

「さあ〳〵、待《ま》っていた、待《ま》っていた。」

と、喜《よろこ》ばれ、

「救《たす》けてやろ。救《たす》けてやるけれども、天理王命《てんりおうのみこと》という神《かみ》は、初《はじ》めての事《こと》なれば、誠《まこと》にする事《こと》むつかしかろ。」

と、お言葉《ことば》があったので、こかんは、三日《か》の願《ねがい》をかけ、**散薬**《さんやく》を与《あた》えた。教祖《おやさま》は、これより先《さき》、

「大工《だいく》が出《で》て来《く》る、出《で》て来《く》る。」

と、仰《おお》せられていた。

【49～50ページ】

【散薬《さんやく》】

本義は粉ぐすり。ここでは、はったい粉（大麦・裸麦を炒《い》って焦《こ》がし、ひいて粉にしたもの）の御供《ごく》と言われている。

◎**第四章**

つとめ場所

元治《がんじ》元年《がんねん》六月《がつ》二十五日《にち》、飯降伊蔵《いぶりいぞう》が、初《はじ》めて夫婦揃《ふうふそろ》うてお礼詣《れいまい》りに帰《かえ》った時《とき》、おさとが、救《たす》けて頂《いただ》いたお礼《れい》に、何《なに》かお供《そなえ》さして頂《いただ》きましょう。と言《い》ったので、伊蔵《いぞう》は、お社《やしろ》の献納《けんのう》を思《おも》い付《つ》いた。

翌《よく》七月《がつ》二十六日《にち》に帰《かえ》った時《とき》、伊蔵夫婦《いぞうふうふ》は二人《ふたり》とも、扇《おうぎ》と御幣《ごへい》のさづけを頂《いただ》いた。この日《ひ》伊蔵《いぞう》から、家内《かない》の身上《みじょう》の煩《わずら》いを救《たす》けて頂《いただ》いたお礼《れい》に、お社《やしろ》なりと造《つく》って納《おさ》めたいと存《ぞん》じます。と、取次《とりつぎ》を通《とお》して申上《もうしあ》げた処《ところ》、教祖《おやさま》は、

「社《やしろ》はいらぬ。小《ちい》さいものでも建《た》てかけ。」

と、仰《おお》せられた。

どれ程《ほど》の大《おお》きさのものを、建《た》てさして頂《いただ》きましょうか。と、伺《うかが》うと、

「**一坪**《ひとつぼ》四方《ほう》のもの建《た》てるのやで、一坪《ひとつぼ》四方《ほう》のもの建家《たちや》ではない。」

と、仰《おお》せられ、更《さら》に、
「つぎ足《た》しは心次第《こころしだい》。」
と、お言葉《ことば》があった。

【53〜54ページ】

【一坪・ひとつぼ】
坪は土地や建物の面積の単位。一坪は一間《けん》（六尺）平方で約三・三平方メートル。田地の一歩《ぶ》と等しい。

この時《とき》、居合《いあ》わせた人々《ひとびと》は、相談《そうだん》の上《うえ》、三間半《げんはん》に六間《けん》のものを建《た》てさして頂《いただ》こうと心《こころ》を定《さだ》め、山中忠七《やまなかちゅうしち》、費用《ひよう》引《ひ》き受《う》けます。飯降伊蔵《いぶりいぞう》、手間《てま》引《ひ》き受《う》けます。辻忠作《つじちゅうさく》、瓦《かわら》。仲田佐右衛門《なかたさえもん》、畳《たたみ》六枚《まい》。西田伊三郎《にしだいさぶろう》、畳《たたみ》八枚《まい》。それぞれ上《あ》げさして頂《いただ》きます。と、話合《はなしあ》いが出来《でき》た。越《こ》えて八月《がつ》二十六日《にち》、おつとめが済《す》んで参詣《さんけい》の人々《ひとびと》が去《い》んだ後《のち》、特《とく》に熱心《ねっしん》な者《もの》が普請《ふしん》の寄付金《きふきん》を持《も》ち寄《よ》った処《ところ》、金《きん》五両《りょう》あった。早速《さっそく》、これを手付《てつ》けとして、飯降伊蔵《いぶりいぞう》は阪《さか》の大新《だいしん》へ材木《ざいもく》の注文《ちゅうもん》に、小路村《しょうじむら》の儀兵衛《ぎへえ》は守目堂村《もりめどうむら》の瓦屋《かわらや》へ瓦《かわら》の注文《ちゅうもん》に行《い》った。

引《ひ》き続《つづ》き、信心《しんじん》の人々《ひとびと》が寄《よ》り集《あつ》まって、先《ま》ず米倉《こめぐら》と綿倉《わたぐら》を取《と》りのけ、地《じ》均《なら》しをした上《うえ》、九月《がつ》十三日《にち》には目出度《めでた》く**手斧始《ちょんのはじ》め**も了《おわ》り、お屋敷《やしき》の中《なか》は、連日勇《れんじついさ》ましい鑿《のみ》や槌《つち》の音《おと》が響《ひび》いて、やがて**棟上《むねあ》げ**の日《ひ》が来《き》た。

【54～55ページ】

【間・けん】
家の柱と柱の間。また、長さの単位で、普通は六尺（約一・八メートル）。

【手斧始め・ちょんのはじめ】
「ちょんの」は関西方言で、「ちょうな（手斧）」のこと。平鑿《ひらのみ》を大きくしたような身に、直角に柄《え》をつけた鍬《くわ》形の斧《おの》。斧でけずったあとを平らにするのに用いる。「手斧始め」は、大工が家の建築にとりかかる初めの日に行う儀式。

ちょうな（手斧）

【棟上げ・むねあげ】

家を建てるとき、柱、梁《はり》（柱をつなぐために架け渡す水平材）などを組み立て、その上に棟木《むなぎ》（屋根の最も高い水平部分に渡す横木）を上げること。また、その式。

翌《よく》二十七日朝《にちあさ》、一同《いちどう》が、これから大豆越村《まめこしむら》へやらせて頂《いただ》きます。と、申《もうし》上《あ》げた処《ところ》、教祖《おやさま》は、

「行《い》ってもよろし。行《ゆ》く道《みち》すがら神前《しんぜん》を通《とお》る時《とき》には、拝《はい》をするように。」

と、仰《おお》せられた。（中略）

山口村《やまぐちむら》、乙木村《おとぎむら》を左《ひだり》に見《み》て進《すす》むと、間《ま》もなく行《ゆ》く手《て》に、佐保庄《さほのしょう》、三昧田《さんまいでん》の村々《むらむら》が見《み》える。尚《なお》も南《みなみ》へ進《すす》み、やがて**大和神社**《おやまとじんじゃ》の前《まえ》へ差《さし》かかると、誰《だれ》言《い》うともなく、教祖《おやさま》が、神社《じんじゃ》の前《まえ》を通《とお》る時《とき》は拝《はい》をして通《とお》れ、と仰《おお》せになった。拝《はい》をしよう。と、言《い》い出《だ》した。

【56ページ】

【大和神社●おやまと〈おおやまと〉じんじゃ】

おぢばから南へ約三キロ、現在の天理市新泉《にいずみ》町にある旧官幣大社《かんぺいたいしゃ》の一つで、古事記・日本書紀に登場する神々を祀《まつ》る由緒ある神社。官幣社は、古くは神祇《じんぎ》官から、明治以降は宮内省から幣帛《へいはく》を奉献した神社で、大・中・小・別格の四段階に分けられていた。

大和神社

この日《ひ》は、大和《やまと》一国《こく》の神職取締《しんしょくとりしま》り、守屋筑前守《もりやちくぜんのかみ》が、京都《きょうと》から戻《もど》って七日間《かかん》の祈禱《きとう》をしている最中《さいちゅう》であった。由緒深《ゆいしょぶか》い大和神社《おやまとじんじゃ》の社前《しゃぜん》で、卑俗《ひぞく》な鳴物《なりもの》を用《もち》い、聞《き》いた事《こと》もない神名《かみな》を高唱《こうしょう》するとは怪《け》しからん。お前達《まえたち》は一人《ひとり》も戻《もど》る事《こと》は相成《あいな》らん。取調《とりしら》べの済《す》む迄留《までと》めて置《お》く。と、言《い》い渡《わた》した。

段々《だんだん》と取調《とりしら》べの上《うえ》、祈禱《きとう》の妨《さまた》げをした。とて、三日《か》の間《あいだ》、留《と》め置《お》かれたので、中《なか》には内心《ないしん》怖《おそ》れをなす者《もの》も出《で》て来《き》た。
この事件《じけん》は、忽《たちま》ち伝《つた》わって、庄屋敷村《しょやしきむら》へも、大豆越村《まめこしむら》へも、又《また》、近村《きんそん》の信者達《しんじゃたち》へも聞《きこ》えた。（中略）
まだ日《ひ》の浅《あさ》い信者《しんじゃ》の中《なか》には、このふしから、不安《ふあん》を感《かん》じて落伍《らくご》する者《もの》も出《で》て、そのため、折角出来《せっかくでき》かかっていた**講社**《こうしゃ》も、一時《じ》はぱったりと止《と》まった。

【57～58ページ】

【講社・こうしゃ】
信仰を同じくする者の集団を「講」や「講社」といった。

大和神社《おやまとじんじゃ》の一件《けん》に拘《かかわ》らず、つとめ場所《ばしょ》の内造《うちづく》りは進《すす》んだ。

「この普請《ふしん》は、三十年《ねん》の見込《みこ》み。」

との、仰《おお》せのままに、屋根《やね》には土《つち》を置《お》かず**空葺**《からぶき》にした。

十二月《がつ》二十六日《にち》、納《おさ》めのつとめを済《す》まして、飯降伊蔵《いぶりいぞう》が櫟本村《いちのもとむら》へ戻《もど》る時《とき》、秀司《しゅうじ》は、お前《まえ》が去《い》んで了《しま》うと、後《あと》は何《ど》うする事《こと》も出来《でき》ん。と、言《い》うた処《ところ》、伊蔵《いぞう》は、直《す》ぐ又引返《またひきかえ》して来《き》ますから。と、答《こた》えた。秀司《しゅうじ》が、お前長《まえなが》らく居《い》てくれたから、戻《もど》っても何《なに》もないやろ。ここに**肥米**《こえまい》三**斗**《どう》あるから、これを持《も》って去《い》に。と、言《い》うた。


【59～60ページ】

【**空葺**・からぶき】
屋根を葺くとき、土をのせないで直接瓦《かわら》を置く、簡略化した葺き方。

【肥米《こえまい》】
便所の人糞《じんぷん》を農家へ肥料として渡し、その代価としてもらう米のこと。

【斗《と》】
容量の単位。一斗は一升《しょう》の十倍で、約一八リットル。

元治元年《がんじがんねん》は暮《く》れて二年《ねん》となり、四月《がつ》には改元《かいげん》して慶応元年《けいおうがんねん》となる。この年《とし》の元旦《がんたん》、飯降伊蔵《いぶりいぞう》は櫟本村《いちのもとむら》から年始《ねんし》の挨拶《あいさつ》に帰《かえ》り、直《す》ぐ我《わ》が家《や》へ引返《ひきかえ》して正月《しょうがつ》を祝《いわ》い、又《また》、お屋敷《やしき》へ帰《かえ》って来《き》た。

つとめ場所《ばしょ》は、出来上《できあ》った。

人々《ひとびと》にとっては、中途《ちゅうと》に波瀾《はらん》があって苦心《くしん》が大《おお》きかっただけに、嬉《うれ》しさも一入《ひとしお》で、世界《せかい》が一新《いっしん》したように感《かん》じられた。新築成《しんちくな》った明《あか》るい綺麗《きれい》なつとめ場所《ばしょ》こそ、正《まさ》しく成人《せいじん》の歩《ほ》を進《すす》めた、心《こころ》のふしんの姿《すがた》であり、きりなしふしんへの門出《かどで》であった。

【61～62ページ】

つとめ場所

つとめ場所内部

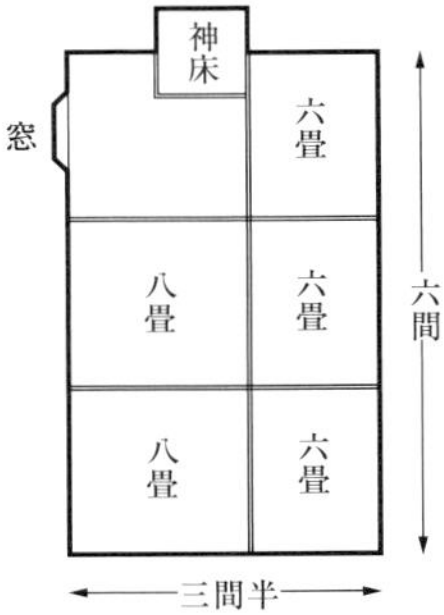

同年《どうねん》七、八月頃《がつごろ》、福住村《ふくすみむら》へ道《みち》がつき、多《おお》くの人々《ひとびと》が相次《あいつ》いで参詣《さんけい》して来《き》た中《なか》に、針ケ別所村《はりがべっしょむら》の助造《すけぞう》という者《もの》があった。眼病《がんびょう》を救《たす》けられ、初《はじ》めの間《あいだ》は熱心《ねっしん》に参詣《さんけい》して来《き》たが、やがて、お屋敷《やしき》へ帰《かえ》るのをぷっつりとやめて了《しま》ったばかりではなく、針ケ別所村《はりがべっしょむら》が**本地**《ほんち》で、庄屋敷村《しょやしきむら》は**垂迹**《すいじゃく》である。
と、言《い》い出《だ》した。（中略）

しかし、いかに言《い》い曲《ま》げようとも、理非曲直《りひきょくちょく》は自《おのずか》ら明《あき》らかである。助《すけ》造《ぞう》が教祖《おやさま》に救《たす》けられた事《こと》は事実《じじつ》である。彼《かれ》の忘恩《ぼうおん》は些《いささ》かも弁護《べんご》の余地《よち》が無《な》いのみならず、針ケ別所村《はりがべっしょむら》を本地《ほんち》とする説《せつ》の如《ごと》きは、教祖《おやさま》を前《まえ》にしては、到底主張《とうていしゅちょう》し了《おお》せるものではない。三日目《かめ》になってとうとう道理《どうり》に詰《つま》って了《しま》い、助造《すけぞう》も金剛院《こんごういん》も、平身低頭《へいしんていとう》して非《ひ》を謝《しゃ》した。落着迄《らくちゃくまで》に七日程掛《ほどかか》った。

お帰《かえ》りに際《さい》し、助造《すけぞう》は、土産《みやげ》として、**天保銭**《てんぽうせん》**一貫目**《かんめ》、くぬぎ炭《ずみ》**一駄**《だ》と、**鋳物**《いもの》の**灯籠**《とうろう》一対《つい》あった中《うち》の一《ひと》つとを、人足《にんそく》を拵《こしら》えてお屋敷迄《やしきまで》届《とど》けた。

【64～66ページ】

【本地・垂迹●ほんち・すいじゃく】

仏《ぶつ》・菩薩《ぼさつ》が人々を救済するために、仮に日本の神々に姿を変えて現れることを「垂迹」といい、その本源たる仏・菩薩を「本地」という。

【天保銭一貫目●てんぽうせんいっかんめ】

天保銭は「天保通宝《つうほう》」の俗称。貫目は銭を数える単位で、一〇〇〇文《もん》を一貫とした。ただし、江戸時代には実際は九六〇文を、また明治になって一〇銭を一貫といった。

天保通宝

【一駄・いちだ】

馬一頭に背負わせられる荷物。また、その分量。江戸時代には三六貫《かん》（約一三五キロ）を定量とした。


【鋳物・いもの】

金属を溶かし、鋳型に流し込んで器物をつくる工法。また、その器物。


【灯籠・とうろう】

石、竹、木、金属などの枠《わく》に紙や紗《しゃ》などを張った照明用具。神社・仏閣の常夜灯、また、庭園の装飾などに用いる。


この頃《ころ》、近郷近在《きんごうきんざい》の百姓達《ひゃくしょうたち》だけではなく、芝村藩《しばむらはん》、高取藩《たかとりはん》、郡山藩《こおりやまはん》、柳本藩《やなぎもとはん》、**古市代官所**《ふるいちだいかんしょ》、和爾代官所等《わにだいかんしょなど》、諸藩《しょはん》の藩士《はんし》で参詣《さんけい》する者《もの》も続々《ぞくぞく》と出《で》て来《き》たが、半面《はんめん》、反対攻撃《はんたいこうげき》も亦一層激《またいっそうはげ》しくなった。

慶応二年秋《けいおうにねんあき》のある日《ひ》、お屋敷《やしき》へ**小泉村不動院**《こいずみむらふどういん》の山伏達《やまぶしたち》がやって来《き》た。

教祖《おやさま》にお目《め》に掛《かか》るや否《いな》や、次々《つぎつぎ》と難問《なんもん》を放《はな》ったが、教祖《おやさま》はこれに対《たい》して、一々《いちいち》鮮《あざ》やかに教《おし》え諭《さと》された。

【代官所《だいかんしょ》】

大名が、年貢《ねんぐ》収納など直轄地の支配に当たらせた者を「代官」といい、代官がその事務を執《と》った役所を「代官所」という。古市代官所（奉行所）は、庄屋敷村を管轄する藤堂《とうどう》藩の役所。

【67ページ】

【小泉村不動院《こいずみむらふどういん》】

小泉村は、現在の大和郡山市小泉町。不動院は大和一円の禁厭祈祷《きんえんきとう》権を持っていたという。

小泉不動院

◎第五章

たすけづとめ

当時庄屋敷村《とうじしょやしきむら》は、藤堂藩《とうどうはん》に属《ぞく》し、大和国《やまとのくに》にある同藩《どうはん》の所領《しょりょう》を管轄《かんかつ》する役所《やくしょ》は、古市代官所《ふるいちだいかんしょ》と言《い》って奈良《なら》の南郊《なんこう》にあった。この古市代官所《ふるいちだいかんしょ》では、小泉不動院《こいずみふどういん》の訴《うった》えもあり、守屋筑前守《もりやちくぜんのかみ》の紹介《しょうかい》もあり、その後《ご》も庄屋敷村《しょやしきむら》の生神様《いきがみさま》の風評《ふうひょう》は次第《しだい》に喧《やかま》しくなって来《く》るので、慶応《けいおう》二年《ねん》の頃《ころ》、呼《よ》び出《だ》して事情《じじょう》を聴《き》いた。

お屋敷《やしき》からの一行《いっこう》は、宿《やど》にあてられた会所《かいしょ》に二、三日宿泊《にちしゅくはく》された。代《だい》官所《かんしょ》では段々《だんだん》と実情《じつじょう》を聴取《ちょうしゅ》したが、不都合《ふつごう》の廉《かど》は少《すこ》しもない。ただ公許《こうきょ》を受《う》けていない点《てん》だけが、問題《もんだい》として残《のこ》った。そこで、話合《はなしあ》いの上《うえ》、**吉《よし》田《だ》神祇管領《じんぎかんりょう》**へ願《ねが》い出《で》る事《こと》となった。先《ま》ず、慶応《けいおう》三年《ねん》六月《がつ》、添書《てんしょ》の願《ねがい》を古《ふる》市代官所《いちだいかんしょ》へ提出《ていしゅつ》し、領主《りょうしゅ》の添書《てんしょ》を得《え》て、秀司《しゅうじ》は、山澤良治郎《やまざわりょうじろう》を供《とも》に、守《もり》屋《や》筑前守《ちくぜんのかみ》も同道《どうどう》して京都《きょうと》へ上《のぼ》り、吉田神祇管領《よしだじんぎかんりょう》に出願《しゅつがん》し、七日《か》間《かん》かかって、慶応《けいおう》三年《ねん》七月《がつ》二十三日付《にちづけ》で、その認可《にんか》を得《え》た。

【96～97ページ】

【吉田神祇管領●よしだじんぎかんりょう】
江戸時代、諸国神社の多くを支配した唯一神道《ゆいいつしんとう》の吉田家が自称した呼称。江戸時代には一般の神職の任免《にんめん》権は吉田家で扱うようになった。明治三年に廃止。吉田神社は京都市左京《さきょう》区にある。

吉田神社

当局《とうきょく》の認可《にんか》を得《え》た事《こと》は、どんなに嬉《うれ》しかったであろうか。親神《おやがみ》の思召《おぼしめし》の弘《ひろ》まって行《ゆ》く上《うえ》に、確《たし》かに躍進《やくしん》の一歩《ぽ》を進《すす》めるものと思《おも》われた。特《とく》に、しんになって働《はたら》いた秀司《しゅうじ》の苦心《くしん》と喜《よろこ》びは、並々《なみなみ》ならぬものがあり、帰《かえ》りには行列《ぎょうれつ》を作《つく》ろうと思《おも》うていた処《ところ》、**布留社**《ふるしゃ》の神職達《しんしょくたち》が、**布留街道**《ふるかいどう》は我《わ》が方《ほう》の参道《さんどう》であるから、もし一歩《ぽ》でも踏《ふ》み込《こ》んだら容赦《ようしゃ》せぬ、とて、人《ひと》を雇《やと》うて川原城村《かわらじょうむら》の石《いし》の鳥居《とりい》の所《ところ》で待《ま》ち伏《ぶ》せている、と、報《し》らせがあったので、別所村《べっしょむら》から豊田村《とよだむら》へと間道《かんどう》を通《とお》り、恙《つつが》なくお屋敷《やしき》へ到着《とうちゃく》した、という話《はなし》が残《のこ》っている。

【97～98ページ】

【布留社・ふるしゃ】
石上神宮《いそのかみ》（80ページ参照）のこと。江戸時代には、もっぱら「布留社」と呼ばれていた。

【布留街道・ふるかいどう】
三島《みしま》から峠を越えて福住《ふくすみ》に達する道で、西は前栽《せんざい》、二階堂《にかいどう》へと続く。

慶応《けいおう》三年《ねん》八月頃《がつごろ》、世間《せけん》では、**お祓《はら》いさん**が降《ふ》る、と、騒《さわ》いだが、教祖《おやさま》は、「人間《にんげん》の身体《からだ》に譬《たと》えて言《い》えば、あげ下《くだ》しと同《おな》じようなもの、あげ下《くだ》しも念《ねん》入《い》ったら肉《にく》が下《くだ》るように成《な》る程《ほど》に。神《かみ》が心配《しんぱい》。」と、仰《おお》せられた。人々《ひとびと》は、一体何《いったいなに》が起《おこ》るのかしらと気懸《きがか》りであった処《ところ》、翌《よく》慶応《けいおう》四年正月《ねんしょうがつ》三日《か》から**鳥羽伏見《とばふしみ》の戦《たたかい》**が起《おこ》った。

【98～99ページ】

【お祓いさん・おはらいさん】
伊勢《いせ》神宮の厄除《やくよ》けのお札《ふだ》。江戸時代に「おかげまいり」と称する爆発的な集団参宮《さんぐう》が周期的に行われ、その際、各地に天からお札が降るということが盛んに言い交わされた。慶応三年の場合は、幕末の動乱期を反映する社会現象の一つと言える。

【鳥羽伏見の戦●とばふしみのたたかい】

慶応四年、京都の南郊、鳥羽・伏見で、徳川幕府方と薩長《さっちょう》方の間で戦われた内戦。幕府軍の大敗に終わり、維新の大局を決した。

◎第六章
ぢば定め

教祖《おやさま》は、親神《おやがみ》の思召《おぼしめし》のまにまに、明治《めいじ》二年《ねん》正月《しょうがつ》から筆《ふで》を執《と》って、親心《おやごころ》の真実《しんじつ》を書《か》き誌《しる》された。これ後日《ごじつ》の**おふでさき**と呼《よ》ぶものである。【103ページ】

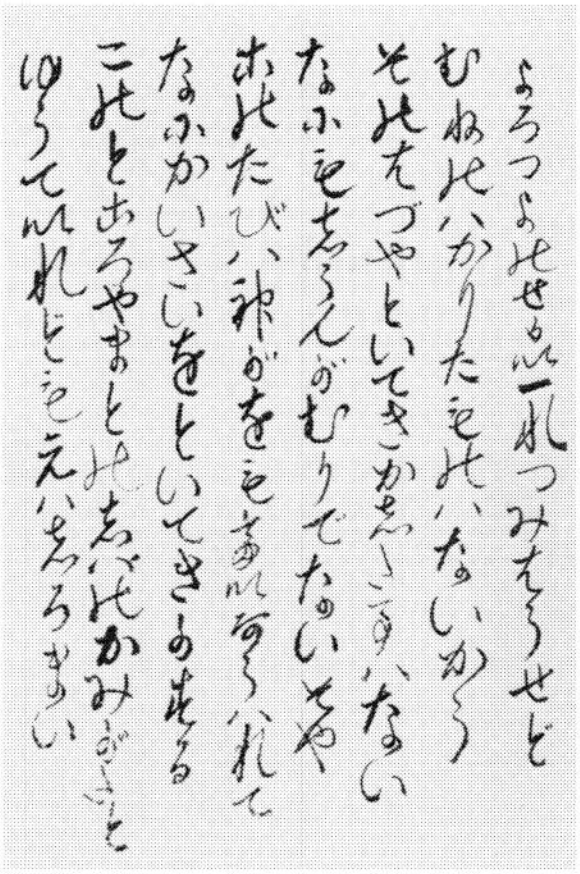

教祖御真筆のおふでさき
（第１号１～４）

明治《めいじ》三年《ねん》、四年《ねん》、五年《ねん》と、珍《めずら》しいたすけは次々《つぎつぎ》に現《あら》われ、親神《おやがみ》の思召《おぼしめし》は大和《やまと》の国境《くにざかい》を越《こ》えて、**河内**《かわち》、**摂津**《せっつ》、**山城**《やましろ》、**伊賀**《いが》と、近隣《きんりん》の国々《くにぐに》へ弘《ひろ》まった。【107ページ】

【河内、摂津、山城、伊賀・かわち、せっつ、やましろ、いが**】**

いずれも旧国名。摂津は、現在の大阪府北西部と兵庫県南東部。山城は、現在の京都府南東部。伊賀は、現在の三重県西部。（35ページ「奈良県周辺の旧国名」参照）

明治《めいじ》五年《ねん》六月《がつ》十八日《にち》には、梶本惣治郎《かじもとそうじろう》妻《つま》おはるが、四十二歳《さい》で出直《でなお》した。
この年《とし》、**太陽暦**《たいようれき》が採用《さいよう》され、十二月《がつ》三日《か》を以《もっ》て、明治《めいじ》六年《ねん》一月《がつ》一日《じつ》と定《さだ》められた。

明治《めいじ》六年《ねん》、飯降伊蔵《いぶりいぞう》に命《めい》じてかんろだいの雛型《ひながた》を作《つく》られた。これは、高《たか》さ約《やく》六尺《しゃく》、直径《さしわたし》約《やく》三寸《ずん》の六角《かく》の棒《ぼう》の上下《じょうげ》に、直径《さしわたし》約《やく》一尺《しゃく》二寸《すん》、厚《あつ》さ約《やく》三寸《ずん》の六角《かく》の板《いた》の付《つ》いたものであった。出来《でき》てから暫《しばら》く倉《くら》に納《おさ》めてあったが、明治《めいじ》八年《ねん》ぢば定《さだ》めの後《のち》、こかん身上《みじょう》のお願《ねがい》づとめに当《あた》り、初《はじ》めて元《もと》のぢばに据《す》えられ、以後《いご》、人々《ひとびと》は礼拝《らいはい》の目標《めどう》とした。

同《どう》六年《ねん》、秀司《しゅうじ》は庄屋敷村《しょやしきむら》の戸長《こちょう》を勤《つと》めた。


【108～109ページ】


【太陽暦《たいようれき》】

地球が太陽の周囲を一周する時間を一年とする暦《こよみ》。日本では明治五年十二月から採用。それまでの日本では、月の運行を基準とする太陰暦《たいいんれき》に、太陽の運行をも考慮して季節の調和をはかった太陰太陽暦が用いられていた。

【かんろだい】

人間宿し込みの地点、元のぢばの証拠として据えられる台で、礼拝の目標となる。親神の思召《おぼしめし》通りにかんろだいが完成し、つとめが勤められるとき、この台の上に置かれた平鉢《ひらばち》に、かんろが授けられるという。

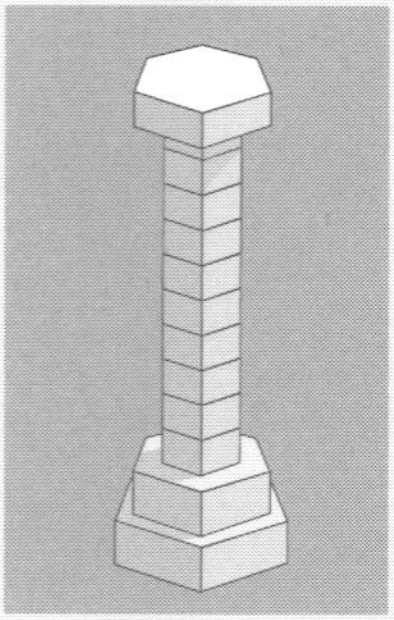

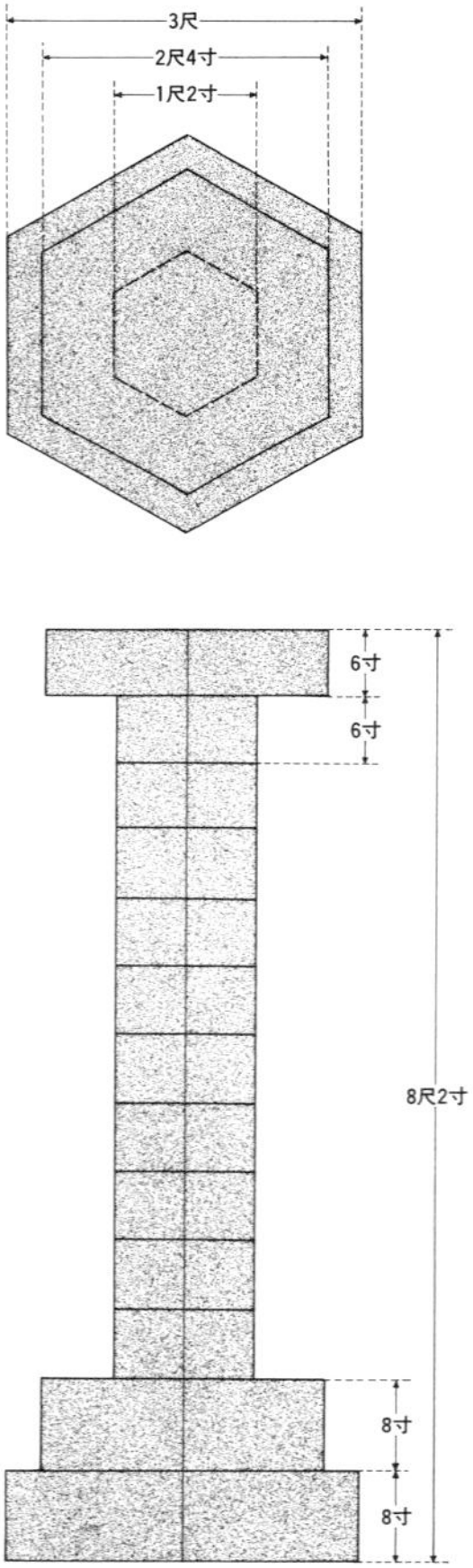

かんろだいの大きさ

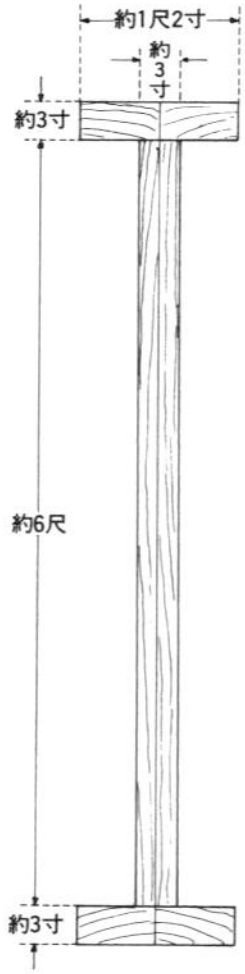

明治６年に作られた
かんろだいの雛型

【尺・寸・しゃく・すん】
長さの単位で、一寸は約三・〇三センチメートル。一尺は十寸で約三〇・三センチメートル。

【戸長・こちょう】
明治五年、大区・小区制による地方制度改革で、小区ごとに置かれた役人。従来の庄屋・名主《なぬし》から選ばれ、一般行政事務を扱った。同二十二年、市町村制施行《しこう》により町長・村長と改称。

教祖《おやさま》は、かねて、**かぐら面《めん》**の制作《せいさく》を里方《さとかた》の兄前川杏助《あにまえがわきょうすけ》に依頼《いらい》しておられた。杏助《きょうすけ》は生付《うまれつ》き器用《きよう》な人《ひと》であったので、先《ま》ず粘土《ねんど》で型《かた》を作《つく》り、和紙《わがみ》を何枚《なんまい》も張《は》り重《かさ》ね、出来上《できあ》がりを待《ま》って粘土《ねんど》を取《と》り出《だ》し、それを京都《きょうと》の塗師《ぬりし》へ持《も》って行《い》って、漆《うるし》をかけさせて完成《かんせい》した。月日《つきひ》の理《り》を現《あら》わすものは、見《み》

事《ごと》な一閑張《いっかんばり》の獅子面《ししめん》であった。こうして、お面《めん》が出来上《できあが》って前川家《まえがわけ》に保管《ほかん》されていた。（中略）

教祖《おやさま》は、出来上《できあが》ったかぐら面《めん》を見《み》て、

「見事《みごと》に出来《でき》ました。これで陽気《ようき》におつとめが出来《でき》ます。」

と、初《はじ》めて一同面《いちどうめん》をつけて、お手振《てふ》りを試《こころ》みられた。そして又《また》、

「いろいろお手数《てかず》を掛《か》けましたが、お礼《れい》の印《しるし》に。」

と、仰《おお》せられて、差《さ》し出《だ》されたのが、おふでさき二冊《さつ》に**虫札**《むしふだ》十枚《まい》であった。

【111〜112ページ】

【かぐら面・かぐらめん**】**
かぐらづとめに用いられる面で、かぐらの人衆十人が着用するもの。獅子面二、男面四、女面四からなる。

「かぐらづとめ」にみる道具衆の位置関係

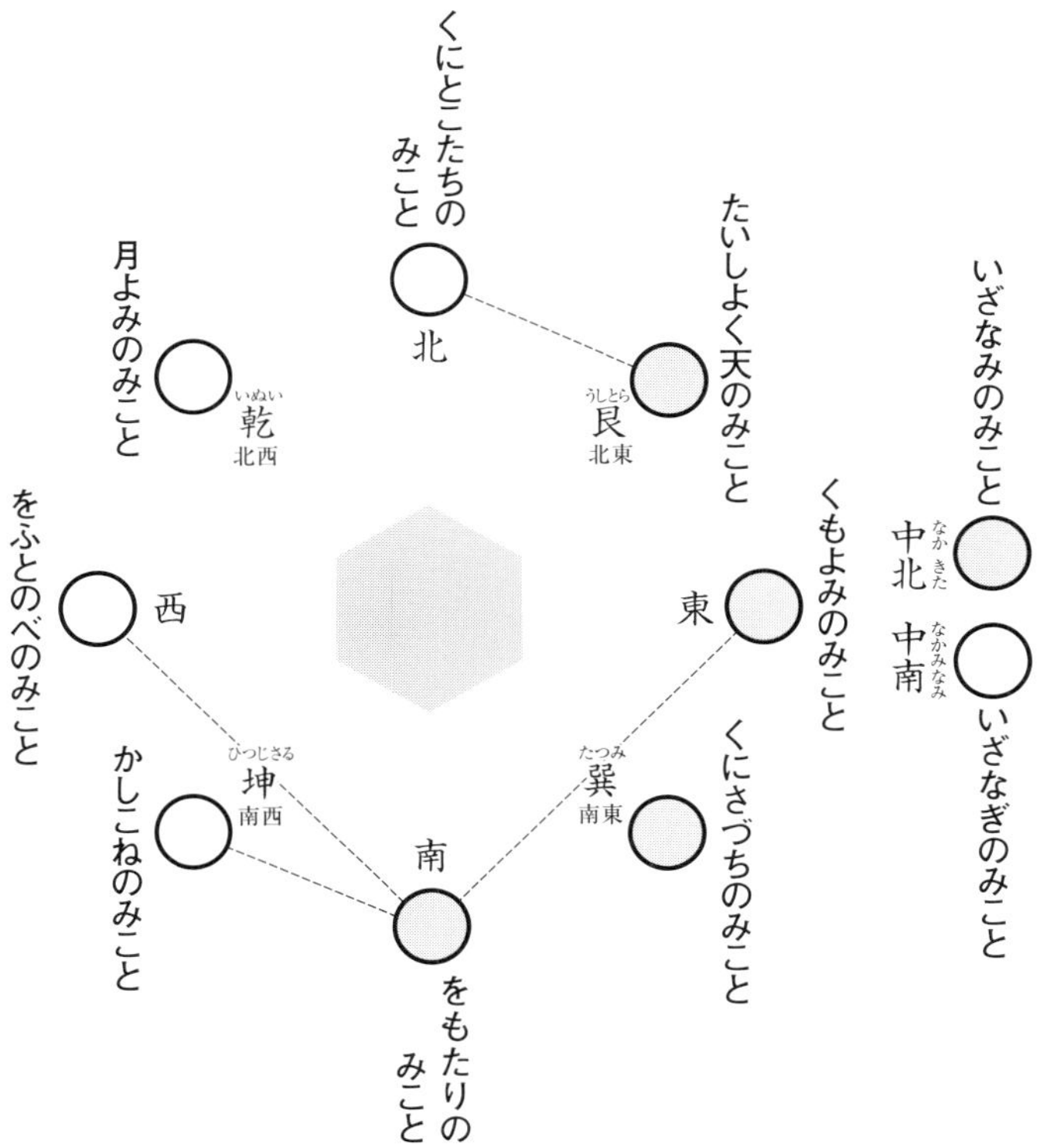

＊「中南」「中北」のお役は、中心にかんろだいがあるため、東寄りで勤められる

＊○のつとめ人衆は男面を着用、●のつとめ人衆は女面を着用

【虫札・むしふだ】

虫除《よ》けの守り札のことで、農作物の害虫を防ぎ、これを追い払うため、田畑に立てた竹に挟《はさ》んだり、紐《ひも》でつるしたりした。

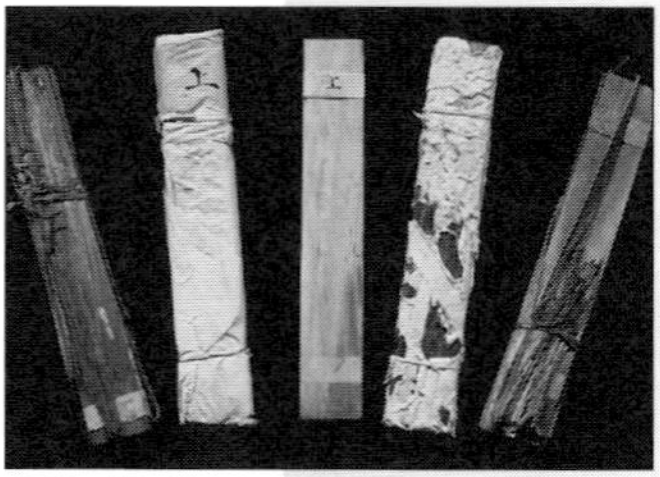
虫札（夕張大教会蔵）

明治《めいじ》七年《ねん》陰暦《いんれき》十月《がつ》のある日《ひ》、教祖《おやさま》から、仲田儀三郎《なかたぎさぶろう》、松尾市兵衛《まつおいちべえ》の両《りょう》名《めい》に対《たい》して、
「大和神社《おやまとじんじゃ》へ行《ゆ》き、どういう神《かみ》で御座《ござ》ると、尋《たず》ねておいで。」
と、お言葉《ことば》があった。両名《りょうめい》は早速大和神社《さっそくおやまとじんじゃ》へ行《い》って、言《い》い付《つ》かった通《とお》り、どのような神様《かみさま》で御座《ござ》りますか。と、問《と》うた。神職《しんしょく》は、当社《とうしゃ》は、由緒《ゆいしょ》ある大社《たいしゃ》である。祭神《さいじん》は、**記紀**《きき》に記《しる》された通《とお》りである。と、滔々《とうとう》と述《の》べ立《た》てた。しからば、どのような御守護《ごしゅご》を下《くだ》さる神様《かみさま》か。と、問《と》うと、神職達《しんしょくたち》は、守護《しゅご》の点《てん》については一言《ごん》も答《こた》える事《こと》が出来《でき》なかった。

【115ページ】

【記紀・きき】
古事記と日本書紀のこと。古事記は、七一二年に完成した日本最古の歴史書。日本書紀は七二〇年に完成した日本最古の勅撰《ちょくせん》の歴史書。

こうして二人《ふたり》が帰《かえ》って来《く》ると、折《お》り返《かえ》し大和神社《おやまとじんじゃ》の神職《しんしょく》が**人力車**《じんりきしゃ》に乗《の》ってお屋敷《やしき》へやって来《き》た。偽《いつわ》って、佐保之庄村《さほのしょうむら》の新立《しんだち》の者《もの》やが、急病《きゅうびょう》ですから伺《うかご》うて下《くだ》され。と、言《い》うたが、伺《うかが》う事《こと》は出来《でき》ません。勝手《かって》に拝《おが》んでおかえり。と、答《こた》えると、そのままかえって行《い》った。しかし、その翌日《よくじつ》、

石上神宮《いそのかみじんぐう》から神職達《しんしょくたち》が五人連《にんづ》れでやって来《き》て、秀司《しゅうじ》に向《むか》って問答《もんどう》を仕掛《しか》けた。（中略）

その後《ご》、丹波市分署《たんばいちぶんしょ》から巡査《じゅんさ》が来《き》て、神前《しんぜん》の幣帛《へいはく》、鏡《かがみ》、簾《みす》、金灯籠等《かなどうろうなど》を没収《ぼっしゅう》し、これを村役人《むらやくにん》に預《あず》けた。

【116～118ページ】

【人力車・じんりきしゃ】

人を乗せて車夫《しゃふ》がひいて走る、一人乗り、もしくは二人乗りの二輪車。

【石上神宮・いそのかみじんぐう】

天理市布留《ふる》町にある元官幣大社《かんぺいたいしゃ》。祭神は布都御魂大神《ふつのみたまのおおかみ》で国宝の七支刀《しちしとう》を所蔵。

【幣帛・へいはく】
神に奉献する物の総称。

【簾・みす】
御簾《みす》。神前、客殿などに用いるすだれ。細く削った竹を編み、綾《あや》などで縁どりしたもの。

石上神宮《いそのかみじんぐう》の神職《しんしょく》との問答《もんどう》があって後《のち》、**奈良県庁**《ならけんちょう》から、仲田《なかた》、松尾《まつお》、辻《つじ》の三名《めい》に対《たい》して**差紙**《さしがみ》がついた。三名《めい》が県庁《けんちょう》へ出頭《しゅっとう》すると、社寺掛《しゃじがかり》から、別々《べつべつ》に取《と》り調《しら》べ、信心《しんじん》するに到《いた》った来歴《らいれき》を問《と》い質《ただ》した。その時《とき》、社寺掛《しゃじがかり》の稲尾某《いなおぼう》は、十二月《がつ》二十三日《にち》(陰暦十一月十五日)に**山村御殿**《やまむらごてん》へ出張《しゅっちょう》するから、そこへ教祖《おやさま》を連《つ》れて来《こ》い、と命《めい》じた。山村御殿《やまむらごてん》とは円照寺《えんしょうじ》の通称《つうしょう》である。円照寺《えんしょうじ》は、奈良県添上郡帯解村大字山村《ならけんそえかみぐんおびとけむらおおあざやまむら》にあり、その頃《ころ》、伏見宮文秀《ふしみのみやぶんしゅう》女王《じょおう》の居《お》られた所《ところ》である。このような尊《とうと》い所《ところ》へ呼《よ》び出《だ》したなら、憑《つ》きものならば畏《おそ》れて退散《たいさん》する、と、考《かん》えたからであろう。

【118ページ】

【奈良県庁・ならけんちょう】

明治四年の廃藩置県により、大和一国を所管する奈良県が成立した。当時、奈良県庁は興福寺《こうふくじ》一条院の建物を仮使用していた。

【差紙・さしがみ】

尋問《じんもん》や命令の伝達のため、役所から日時を指定して特定の個人を呼び出す召喚状《しょうかんじょう》。

【山村御殿・やまむらごてん】

円照寺《えんしょうじ》の通称。奈良市山町《やま》にある尼寺《あまでら》で、皇族や公家《くげ》の子女が住職となる格式のある門跡寺《もんぜき》の一つ。

円照寺円通殿

教祖《おやさま》は、呼出《よびだ》しに応《おう》じ、いそいそと出掛《でか》けられた。

お供《とも》したのは、辻忠作《つじちゅうさく》、仲田儀三郎《なかたぎさぶろう》、松尾市兵衛《まついちべえ》、柳本村《やなぎもとむら》の佐藤某《さとうぼう》、畑村《はたむら》の大東重兵衛《おおひがしじゅうべえ》の五名《めい》であった。途中《とちゅう》、田部村《たべむら》の小字車返《こあざくるまがえし》で、ふと躓《つまず》いて下唇《したくちびる》を怪我《けが》なさった。心配《しんぱい》するお供《とも》の人々《ひとびと》に対《たい》して、教祖《おやさま》は、

「下《した》からせり上《あが》る。」

と、仰《おお》せられ、少《すこ》しも気《き》になさらなかった。

円照寺《えんしょうじ》へ着《つ》くと、午後《ごご》二時頃《じごろ》から、円通殿《えんつうでん》と呼《よ》ばれる持仏堂《じぶつどう》で、中央《ちゅうおう》に稲尾某《いなおぼう》が坐《すわ》り、石上《いそのかみ》の大宮司《だいぐうじ》と外《ほか》に一名《めい》が立《た》ち会《あ》い、主《しゅ》として稲尾某《いなおぼう》が取調《とりしら》べに当《あた》った。


【118～119ページ】

【車返・くるまがえし】
天理市田部《たべ》町の小字《こあざ》名。現在の東本《とうほん》詰所から筑紫《ちくし》詰所にかけてのあたりで、車が進まなくなったために引き返したという伝説を持つ地名。

【大宮司・だいぐうじ】
明治四年から同十年まで、伊勢神宮および官・国幣大社に、その後は伊勢神宮にだけ置かれた神職の長。

二十五日《にち》（陰暦十一月十七日）になると、**奈良《なら》中教院《ちゅうきょういん》**から、辻《つじ》、仲田《なかた》、松《まつ》尾《お》の三人《にん》を呼《よ》び出《だ》し、天理王《てんりおう》という神《かみ》は無《な》い。神《かみ》を拝《おが》むなら、大社《たいしゃ》の神《かみ》を拝《おが》め。世話《せわ》するなら、中教院《ちゅうきょういん》を世話《せわ》せよ。と、信仰《しんこう》を差止《さしと》め、その上《うえ》、お屋敷《やしき》へやって来《き》て、幣帛《へいはく》、鏡《かがみ》、簾《みす》等《など》を没収《ぼっしゅう》した。（中略）

更《さら》に、十二月二十六日《にち》（陰暦十一月十八日）、教祖《おやさま》は、初《はじ》めて**赤衣《あかき》**を召《め》された。

【121～122ページ】

【奈良中教院●ならちゅうきょういん】

明治時代の初期、国家神道体制確立の一環として、教部省のもとに神官・僧侶合同の教導職《きょうどうしょく》（119ページ参照）がおかれ、大教宣布《たいきょうせんぷ》運動が展開されることになり、その教化機関として大・中・小の教院が設置された。奈良中教院は明治七年三月、奈良の中辻《なかつじ》町の旧紀州《きしゅう》屋敷内に設けられた。

【赤衣●あかき】

教祖は、明治七年十二月二十六日より、赤衣をお召しになった。これは、おふでさきに「このあかいきものをなんとをもている　なかに月日がこもりいるそや」（六　63）とあるように、「月日のやしろ」たる理を明らかにするためである。教祖は、それ以後、常に赤衣を召され、そのお召し下ろしを「証拠守り」として、広く人々に渡されることとなった。

奈良中教院跡

こうして、教祖《おやさま》は、赤衣《あかき》を召《め》して、自《みずか》らが月日のやしろに坐《おわ》す理《り》を明《あき》らかに現《あら》わされた上《うえ》、

一に、いきハ仲田《なかた》、二に、煮《に》たもの松尾《まつお》、三に、さんざいてをどり辻《つじ》、

四に、しっくりかんろだいてをどり桝井《ますい》、

と、四名《めい》の者《もの》に、直々《じきじき》、さづけの理《り》を渡《わた》された。

【124ページ】

【いき、煮たもの、てをどり、かんろだいてをどり】

いずれも、身上《みじょう》たすけのためのさづけの理。

いきのさづけ――その理を許された者が患部に息をかける。

煮たもののさづけ――白米を袋に入れ熱湯にひたし、ほとびた米を病人に与える。

てをどりのさづけ――現行のものに同じ。

かんろだいてをどりのさづけ――みかぐらうたの第二、第三節を振って取り次ぐ。

門屋《もんや》は、八年一杯《ねんいっぱい》に内造《うちづく》りが出来《でき》た。教祖《おやさま》は、北《きた》の上段《じょうだん》の間《ま》からここへ移《うつ》られ、その西側《にしがわ》の十畳《じょう》の部屋《へや》をお居間《いま》として、日夜寄《にちやよ》り来《く》る人々《ひとびと》に親《おや》神《がみ》の思召《おぼしめし》を伝《つた》えられた。

年《とし》が明《あ》けると明治《めいじ》九年《ねん》。絶《た》え間《ま》なく鋭《するど》い監視《かんし》の目《め》を注《そそ》いでいた当局《とうきょく》の取締《とりしま》りが、一段《いちだん》と厳重《げんじゅう》になったので、おそばの人々《ひとびと》は、多《おお》くの人々《ひとびと》が寄《よ》って来《き》ても、警察沙汰《けいさつざた》にならずに済《す》む工夫《くふう》はないものか、と、智恵《ちえ》を絞《しぼ》った結果《けっか》、風呂《ふろ》と宿屋《やどや》の**鑑札《かんさつ》**を受《う》けようという事《こと》になった。が、この時《とき》、教《おや》祖《さま》は、

「親神《おやがみ》が途中《とちゅう》で退《しりぞ》く。」

と、厳《きび》しくお止《と》めになった。しかし、このままにしておけば、教祖《おやさま》に迷惑《めいわく》のかかるのは火《ひ》を見《み》るよりも明《あき》らかである。戸主《こしゅ》としての責任上《せきにんじょう》、又《また》、子《こ》として親《おや》を思《おも》う真心《まごころ》から、秀司《しゅうじ》は、我《わ》が身《み》どうなってもとの思《おも》いで、春《はる》の初《はじ》め頃《ごろ》、**堺県《さかいけん》**へ出掛《でか》けて許可《きょか》を得《え》た。お供《とも》したのは、桝井伊三郎《ますいいさぶろう》であった。

【134～135ページ】

【門屋・もんや】

表《おもて》通常門（中南《なかみなみ》の門屋ともいう）。明治八年の建築。同十六年、御休息所が完成するまで、教祖のお居間として使用された。

表通常門（中南の門屋）

内部

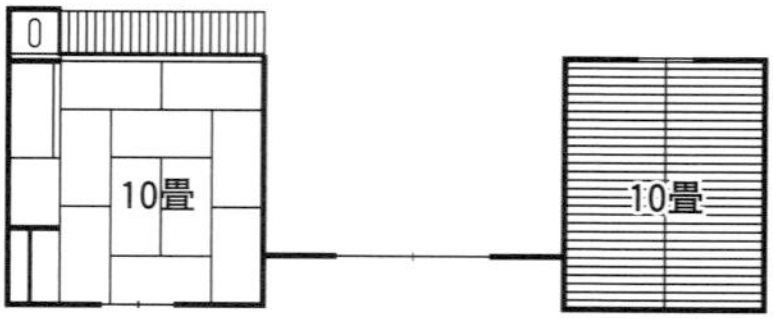

【鑑札・かんさつ】
ある種の営業や行為に許可を与えたことを証するために、行政庁が交付する証票。現在は、ふつう免許証・許可証の語を用いる。

【堺県・さかいけん】
明治九年、奈良県は廃止され、堺県に合併された。さらに明治十四年二月、堺県は大阪府に合併される。明治二十年十一月に至って、大和一国は再び奈良県となり、現在に及んでいる。

翌明治《よくめいじ》十年《ねん》には、年《とし》の初《はじ》めから、教祖自《おやさまみずか》ら三曲《さんきょく》の鳴物《なりもの》を教《おし》えられた。最初《さいしょ》にお教《おし》え頂《いただ》いたのは、琴《こと》は辻《つじ》とめぎく、三味線《しゃみせん》は飯降《いぶり》よしゑ、胡弓《こきゅう》は上田《うえだ》ナライト、控《ひかえ》は増井《ますい》とみゑであった。

【136ページ】

【三曲・さんきょく】

おつとめに使用される九つの鳴物（楽器）のうち、琴、三味線、胡弓の女鳴物を指していう。

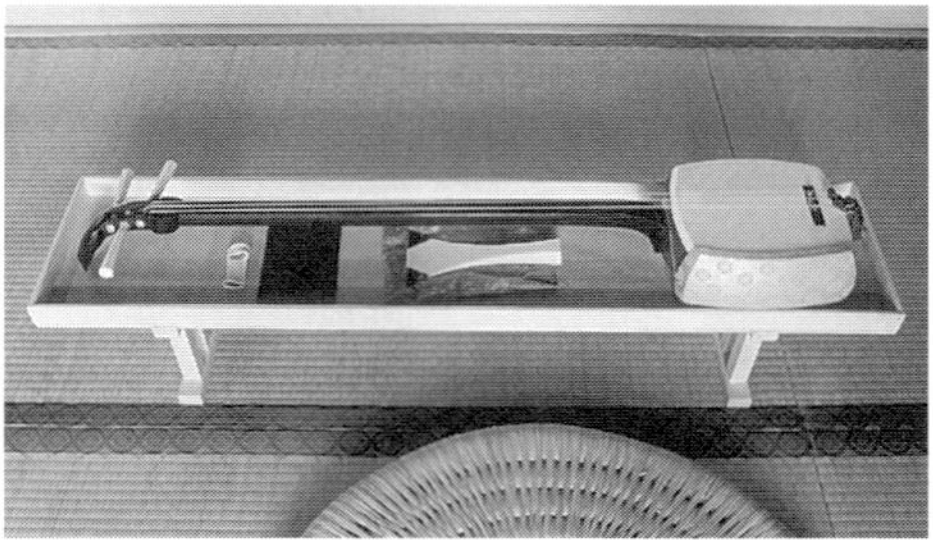

三味線

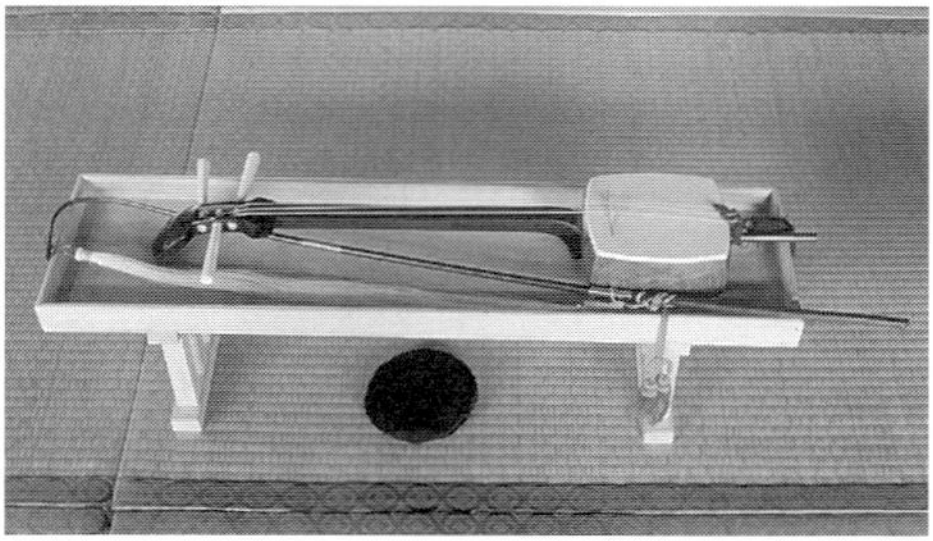

胡弓

琴

この年《とし》五月《がつ》十四日《か》(陰暦四月二日)には、丹波市村事務所《たんばいちむらじむしょ》の沢田義太郎《さわだよしたろう》が、お屋敷《やしき》へやって来《き》て、神前《しんぜん》の物《もの》を封印《ふういん》した。秀司《しゅうじ》が、平等寺村《びょうどうじむら》の小東家《こひがしけ》へ行《い》って不在中《ふざいちゅう》の出来事《できごと》である。

つづいて、五月《がつ》二十一日《にち》(陰暦四月九日)、**奈良警察署**《ならけいさつしょ》から秀司《しゅうじ》宛《あて》に召喚《しょうかん》状《じょう》が来《き》た。召喚《しょうかん》に応《おう》じて出頭《しゅっとう》した秀司《しゅうじ》は、四十日間《にちかん》留《と》め置《お》かれた上《うえ》、罰金《ばっきん》に処《しょ》せられ、帰《かえ》って来《き》たのは、六月《がつ》二十九日《にち》(陰暦五月十九日)であった。その理由《りゆう》は、杉本村《すぎもとむら》の宮地某《みやちぼう》が、ひそかに七草《ななくさ》の薬《くすり》を作《つく》り、これを、秀司《しゅうじ》から貰《もら》ったものである。と、警察署《けいさつしょ》へ、**誣告**《ぶこく》した為《ため》である。

明治《めいじ》十年《ねん》二月《がつ》には、**西南**《せいなん》**の役**《えき》が起《おこ》った。

【137ページ】

【奈良警察署●ならけいさつしょ】

明治九年、堺県支庁が興福寺《こうふくじ》金堂《こんどう》内に開設されたとき、奈良警察署も併置された。その後、明治十三年、猿沢《さるさわ》池の南に位置する東寺林《ひがしてらばやし》町の旧柳生《やぎゅう》藩南《なん》都《と》屋敷に移転（二十年末まで）。なお、明治九年に設置された丹《たん》波《ば》市《いち》分署は明治十九年に廃止され、所轄は櫟本《いちのもと》、針《はり》ケ《が》別所《べっしょ》の二分署に分属された。

【誣告●ぶこく】

わざと事実をいつわって告げること。

【西南の役●せいなんのえき】

「西南戦争」ともいう。明治十年、西《さい》郷隆盛《ごうたかもり》を中心とする、明治政府に対する不平士族の最大かつ最後の反乱。

西南の役の様子を描いた錦絵
（天理図書館蔵）

◎第七章

ふしから芽が出る

教祖《おやさま》は、八十の坂《さか》を越《こ》えてから、警察署《けいさつしょ》や監獄署《かんごくしょ》へ度々《たびたび》御苦労下《ごくろうくだ》された。しかも、罪科《つみとが》あっての事《こと》ではない。教祖《おやさま》が、世界《せかい》たすけの道《みち》をお説《と》きになる、ふしぎなたすけが挙《あ》がる、と言《い》うては、いよいよ世間《せけん》の反対《はんたい》が激《はげ》しくなり、ますます取締《とりしま》りが厳《きび》しくなった。しかし、それにも拘《かかわ》らず、親神《おやがみ》の思召《おぼしめし》は一段《いちだん》と弘《ひろ》まって、河内《かわち》、大阪《おおさか》、山城《やましろ》や、遠《とお》く津々浦々《つつうらうら》に及《およ》んだ。この勢《いきおい》は、又一層《またいっそう》、世間《せけん》の嫉《ねた》み猜《そね》みを招《まね》き、ふしぎなたすけの続出《ぞくしゅつ》する毎《ごと》に、反対攻撃《はんたいこうげき》の声《こえ》は、各地《かくち》から奈良警察署《ならけいさつしょ》へと集《あつ》まった。そして、その鋒先《ほこさき》が悉《ことごと》くお屋敷《やしき》へ、教祖《おやさま》へと向《む》けられた。

【141ページ】

【監獄署・かんごくしょ】

『稿本天理教教祖伝』には、教祖が明治十五年十月と、明治十七年の三月と八月の三度にわたって監獄へ御苦労くだされたと記されている。当時の奈良監獄署は奈良市西笹鉾町《にしささぼこ》にあり、現在、その跡地の東三分の一ほどが、梅谷《うめたに》大教会の敷地になっている。当時は、一房に五人くらいを収容し、板の間にむしろを敷き、ふとんは年中、一人一枚であったという。

迫害《はくがい》の猛火《もうか》はいよいよ燃《も》え盛《さか》ったが、しかも、それは、悉《ことごと》くにをいがけとなり、親神《おやがみ》の思召《おぼしめし》は一段《いちだん》と弘《ひろ》まる一方《いっぽう》であった。

「講《こう》を結《むす》べ。」

と、お急込《せきこ》み頂《いただ》いたのは、文久《ぶんきゅう》、元治《がんじ》の頃《ころ》に始《はじ》まり、早《はや》くもその萌《きざ》しはあったが、明治《めいじ》十一年《ねん》四月頃《がつごろ》には、秀司《しゅうじ》を講元《こうもと》とする真明講《しんめいこう》が結《むす》ばれていた。小《ちい》さいながらも、親神《おやがみ》のお急込《せきこ》み通《どお》り、人々《ひとびと》の喜《よろこ》びを一《ひと》つに結《むす》ぶ講《こう》が出来《でき》ていたのである。世話人《せわにん》は、仲田儀三郎《なかたぎさぶろう》、辻忠作《つじちゅうさく》、松尾市兵衛《まつおいちべえ》、中《なか》尾休治郎《おきゅうじろう》で、講中《こうじゅう》の人々《ひとびと》は、近在一帯《きんざいいったい》の村々《むらむら》に及《およ》んだ。

早《はや》くから渡《わた》されていたはったい粉《こ》に次《つ》いで、**金米糖**《こんぺいとう》を御供《ごく》として渡《わた》されたのは、この明治《めいじ》十一年頃《ねんごろ》からである。

【142〜143ページ】

【金米糖・こんぺいとう】

砂糖菓子の一種で、粒の表面全体にイボ状の突起がある。御供は教祖ご在世時代、当初は麦を炒《い》って粉にした、はったい粉が用いられたが、明治十一年ごろから金米糖を御供としてお渡しくださるようになった。明治三十七年より洗米《せんまい》の御供に改まり、現在に至っている。

金米糖

この明治《めいじ》十二年《ねん》には、国内《こくない》で**コレラ**が大《たい》そう流行《はや》った。（中略）

この年《とし》、教祖《おやさま》は、上田《うえだ》ナライトを貰《もら》い受《う》けなされた。又《また》、河内国《かわちのくに》の高井《たかい》猶吉《なおきち》、大阪《おおさか》の井筒梅治郎《いづつうめじろう》、阿波国《あわのくに》の土佐卯之助等《とさうのすけら》が、信仰《しんこう》し始《はじ》めた。このように、寄《よ》り集《つど》う人々《ひとびと》は、日一日《ひにち》とその数《かず》を増《ま》し、親神《おやがみ》の思召《おぼしめし》に励《はげ》まされて、いよいよ勇《いさ》み立《た》ち奮《ふる》い立《た》ち、道《みち》は八方《はっぽう》へ弘《ひろ》まった。

しかし、村人達《むらびとたち》の間《あいだ》では、尚反対《なおはんたい》が強《つよ》く、天理《てんり》さんのお蔭《かげ》で、親族《しんぞく》や友人《ゆうじん》が村《むら》へ来《く》ると、雨《あめ》が降《ふ》ったら傘《かさ》を貸《か》さねばならぬ。飯時《めしどき》になったら飯《めし》を出《だ》さねばならん。店出《みせだ》しが出《で》たら子供《こども》が銭《ぜに》を費《つか》う。随分迷惑《ずいぶんめいわく》がかかるから、天理《てんり》さんを止《や》めてもらいたい、さもなくば年々《ねんねん》「**ようない**」を出《だ》してもらいたい。と、言《い》った。

【144～146ページ】

【コレラ】
コレラ菌の感染による急性伝染病。経口《けいこう》感染し、激しい下痢《げり》と嘔吐《おうと》を起こす。もとはインドの風土病で、十九世紀初頭から諸国に蔓延《まんえん》。日本では文政《ぶんせい》五年（一八二二年）に初めて流行した。重症の場合は急に衰弱し、死に至るところから「三日ころり」ともいわれた。

【ようない】
よない（余荷・余内）。余分に負担すること、また、させること。臨時に課税されること、また、その金銀。

恰《あたか》もその頃《ころ》、乙木村《おとぎむら》の山本吉次郎《やまもときちじろう》から、同村《どうそん》山中忠三郎《やまなかちゅうざぶろう》の伝手《つて》を得《え》て、**金剛山《こうごうざん》地福寺《じふくじ》**へ願《ねが》い出《で》ては、との話《はなし》があった。これに対《たい》して、教祖《おやさま》は、

「そんな事《こと》すれば、親神《おやがみ》は退《しりぞ》く。」

と、仰《おお》せられて、とても思召《おぼしめし》に適《かな》いそうにも思《おも》えなかったが、秀司《しゅうじ》は、教祖《おやさま》に対《たい》する留置投獄《りゅうちとうごく》という勿体《もったい》なさに比《くら》べると、たとい我《わ》が身《み》はどうなっても、教祖《おやさま》の身《み》の安全《あんぜん》と人々《ひとびと》の無事《ぶじ》とを図《はか》らねば、と思《おも》い立《た》ち、わしは行《ゆ》く。とて、一命《いちめい》を賭《と》して出掛《でか》けた。しかし、お供《とも》をしようという者《もの》はない。この時《とき》、岡田与之助《おかだよのすけ》は、足《あし》のわるい方《かた》を一人《ひとり》行《ゆ》かせるには忍《しの》びないと、自《みずか》ら進《すす》んでお供《とも》した。両名《りょうめい》は**芋ケ峠**《いもがとうげ》（通称芋蒸峠）を越《こ》えて吉野《よしの》へ出《で》、金剛山《こんごうざん》の麓《ふもと》にある久留野《くるの》の地福寺《じふくじ》へと赴《おもむ》いた。秀司《しゅうじ》は、平地《へいち》は人力車《じんりきしゃ》に乗《の》り、山道《やまみち》は歩《ある》いた。峠《とうげ》では随分困《ずいぶんこま》り、腰《こし》の**矢立**《やたて》さえも重《おも》く、抜《ぬ》いて岡《おか》田《だ》に渡《わた》した程《ほど》であった。こうして地福寺《じふくじ》との連絡《れんらく》をつけて、帰《かえ》って来《き》たのは出発以来《しゅっぱついらい》三日《か》目《め》であった。

かくて、九月《がつ》二十二日《にち》（陰暦八月十八日）には、転輪王講社《てんりんおうこうしゃ》の**開筵式**《かいえんしき》を行《おこな》い、門前《もんぜん》で護摩《ごま》を焚《た》き、僧侶《そうりょ》を呼《よ》んで来《き》て説法《せっぽう》させた。応法《おうほう》のためとは言《い》いながら、迂余曲折《うよきょくせつ》のみちすがらである。

【148～149ページ】

【金剛山地福寺•こうごうざんじふくじ】

明治十三年、転輪王講社開設に当たって、秀司が交渉に赴いた寺。金剛山のふもと、五條《ごじょう》市久留野《くるの》町にある。もと金剛山上にあった転法輪寺《てんぽうりんじ》の末寺の一つで、行者坊《ぎょうじゃぼう》という修験道《しゅげんどう》の寺であったが、転法輪寺が廃寺となり、その本尊などが行者坊に移された。現在は高《こう》野《や》山《さん》真言宗に属するが、その故をもって「元金剛山行者坊久留野地福寺」と称している。

地福寺の護摩法会《ほうえ》

【芋ケ峠•いもがとうげ】

地福寺へ行く途中、秀司一行が越えた峠で、けわしいことで知られる。高市《たかいち》郡明日香《あすか》村栢森《かやもり》の南方、吉野へ抜ける道にある。

芋ケ峠付近から
吉野山を望む

【矢立・やたて】

墨壺《すみつぼ》に筆を入れる筒のついたもので、帯に差すなどして携帯した。

【開筵式・かいえんしき】

開筵とは、一般に席を設けるとか、式を催すという意味。開筵式は今日の教会の新設に伴い勤められる鎮座《ちんざ》奉告祭《ほうこくさい》にあたる。

教祖《おやさま》は、第《だい》十六号《ごう》の冒頭《ぼうとう》に、かんろだいのつとめの根本《こんぽん》の理《り》を明《あ》かされ、明治《めいじ》十四年《ねん》の初《はじ》めから、その目標《めどう》たるかんろだいの石普請《いしぶしん》を急込《せきこ》まれた。この年《とし》五月《がつ》五日《か》(陰暦四月八日)、**滝本村《たきもとむら》の山《やま》**で石見《いしみ》が行《おこな》われ、つづいて五月《がつ》上旬《じょうじゅん》から、大勢《おおぜい》の信者《しんじゃ》のひのきしんで、石出《いしだ》しが始《はじ》まり、五月《がつ》十四日《か》(陰暦四月十七日)には、大阪《おおさか》からも、明心組《めいしんぐみ》、真明組等《しんめいぐみなど》の人達《ひとたち》が、これに参加《さんか》するなど、賑《にぎ》やかな事《こと》であった。

【152〜153ページ】

秀司《しゅうじ》の出直後《でなおしご》、日尚浅《ひなおあさ》く、涙《なみだ》も未《ま》だ乾《かわ》かぬ六月《がつ》のある日《ひ》の出来事《できごと》として、**眞之亮**《しんのすけ》**の手記**《しゅき》に、

十四年《ねん》六月《がつ》、巡査《じゅんさ》六人出張《にんしゅっちょう》し、上段間《じょうだんのま》ニ松恵様《まつゑさま》ヲ呼出《よびだ》シ尋問《じんもん》ノ上《うえ》、教《お》

お屋敷の東方約２キロ、かんろだいの石出しが行われた滝本村の山中（天理市滝本町）

祖様《やさま》ノ御居間《おいま》ニ至《いた》リ、種々尋問《しゅじゅじんもん》セシ処《ところ》、変《かわ》リタル事《こと》ナキヨリ、説諭《せつゆ》ノ上《うえ》帰《かえ》りたり。前夜《ぜんや》、此事夢《このことゆめ》ニ見《み》ル。

と、誌《しる》されている。

【154～155ページ】

【眞之亮の手記・しんのすけのしゅき】

初代真柱《しんばしら》様の「教祖様御伝《おやさまぎょでん》」のこと。明治四十年ごろのご執筆で、『稿本天理教教祖伝』の底本となったもの。

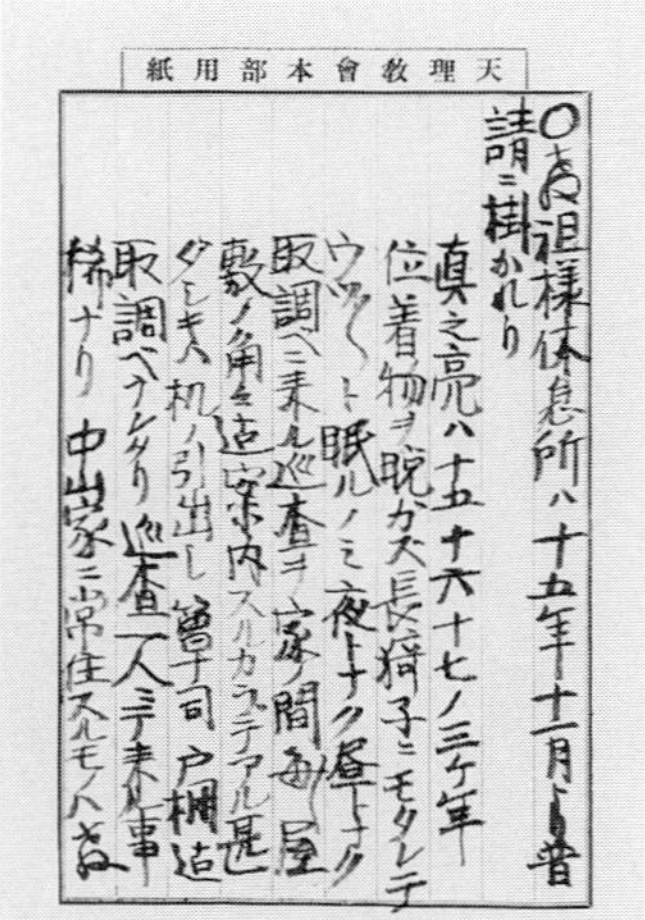
天理教會本部用紙

○教祖様休息所ハ十五年十一月ヨリ普
請ニ掛かれり
眞之亮ハ十五十六十七ノ三ケ年
位着物ヲ脱ガズ長持子ニモタレテ
ウツヽトト眠ルノミ夜トナク昼トナク
取調ベニ来ル巡査ヲ家ノ間毎屋
敷ノ角迄案内スルカラテアル甚
ダシキハ机ノ引出シ箪司戸棚迄
取調ベナシタリ巡査一人ニテ来ル事
稀ナリ 中山家ニ常住スルモノハ皆

初代真柱様の「教祖様御伝」

この年《とし》のある日《ひ》、教祖《おやさま》は、当時《とうじ》五歳《いつつ》のたまへに、

「子供《こども》は罪《つみ》のない者《もの》や、お前《まえ》これを頒《わ》けておやり。」

と、仰《おお》せられて、お召下《めしお》ろしの**赤衣《あかき》で作《つく》った紋《もん》**を、居合《いあ》わせた人々《ひとびと》に頒《わ》けさせられ、

「親神様《おやがみさま》からこれを頂《いただ》いても、めんめんの心次第《こころしだい》で返《かえ》さんならん者《もの》もあるで。」

と、つけ加《くわ》えられた。


【157ページ】


【赤衣で作った紋・あかきでつくったもん】

教祖のお召し下ろしの赤衣で作った紋。十二弁からなる。つとめ人衆のしるしとされる。

敷島大教会山田家蔵の「十二弁の紋」

又《また》、この年《とし》十二月《がつ》には、大阪明心組《おおさかめいしんぐみ》の梅谷四郎兵衛《うめたにしろべえ》が、真心組《しんじんぐみ》とも話《はな》し合《あ》った上《うえ》、大阪《おおさか》**阿弥陀池《あみだいけ》の和光寺《わこうじ》**へ、初《はじ》めて教会公認《きょうかいこうにん》の手《て》続書《つづきしょ》を提出《ていしゅつ》した。しかし、何等《なんら》の返答《へんとう》も無《な》かった。

【159～160ページ】

【阿弥陀池の和光寺・あみだいけのわこうじ】

現・大阪市西《にし》区にある浄土宗系の寺。境内に「阿弥陀池」と呼ばれる池がある。当時、明治天皇の叔母《おば》に当たる尼宮《あまみや》がおられ、その人を通して公認への道をつけようという思惑《おもわく》があったようである。

◎第八章　親心

教祖《おやさま》は、中肉中背《ちゅうにくちゅうぜい》で、やや上背《うわぜい》がお有《あ》りになり、いつも端正《たんせい》な姿勢《しせい》で、すらりとしたお姿《すがた》に拝《はい》せられた。お顔《かお》は幾分面長《いくぶんおもなが》で、色《いろ》は白《しろ》く血色《けっしょく》もよく、鼻筋《はなすじ》は通《とお》ってお口《くち》は小《ちい》さく、誠《まこと》に気高《けだか》く優《やさ》しく、常《つね》ににこやかな中《なか》にも、神々《こうごう》しく気品《きひん》のある面差《おもざし》であられた。

お髪《ぐし》は、年《とし》を召《め》されると共《とも》に次第《しだい》に白髪《しらが》を混《ま》じえ、後《のち》には全《まった》く雪《ゆき》のように真白《まっしろ》であられたが、いつもきちんと梳《くしけず》って茶筅《ちゃせん》に結《ゆ》うておられ、乱《みだ》れ毛《げ》や後《おく》れ毛《げ》など少《すこ》しも見受《みう》けられず、常《つね》に、赤衣《あかき》に赤《あか》い帯《おび》、赤《あか》い足袋《たび》を召《め》され、赤《あか》いものずくめの服装《ふくそう》であられた。

【165～166ページ】

【茶筅・ちゃせん】

茶筅髪の略。女性の髪型の一つ。まげの元結《もとゆい》から先を紙や組緒《くみお》で巻き、先を茶筅（抹《まっ》茶《ちゃ》をたてるとき、かきまわして泡《あわ》を立てたり、練《ね》ったりする竹製の具）状にして散らしたもの。

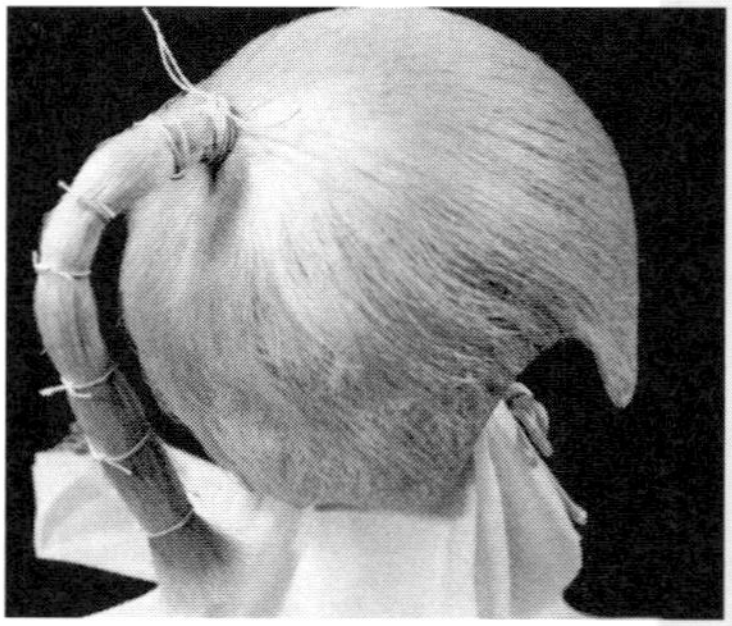

◎第九章

御苦労

この年《とし》（明治十五年）六月《がつ》十八日《にち》（陰暦五月三日）、教祖《おやさま》は、まつゑの姉《あね》おさく身上《みじょう》の障《さわ》りに付《つき》、河内国教興寺村《かわちのくにきょうこうじむら》の松村栄治郎宅《まつむらえいじろうたく》へ赴《おもむ》かれ、三日間《みっかかん》滞在《たいざい》なされた。

【240ページ】

教祖お入り込み記念建物
（大阪府八尾市・高安大教会内）

この頃《ころ》、大阪府泉北郡《おおさかふせんぼくぐん》で、信仰《しんこう》の浅《あさ》い信者達《しんじゃたち》の間《あいだ》に、**我孫子事件**《あびこじけん》が起《おこ》って、警察沙汰《けいさつざた》となった。

当時《とうじ》お屋敷《やしき》では、人々《ひとびと》が大《たい》そう心配《しんぱい》して、親神《おやがみ》の思召《おぼしめし》を伺《うかが》うと、

「さあ海越《うみこ》え山越《やまこ》え〳〵〵、あっちもこっちも天理王命《てんりおうのみこと》、響《ひび》き渡《わた》るで響《ひび》き渡《わた》るで。」

との事《こと》であった。これを聞《き》いて、一同《いちどう》は辛《かろ》うじて愁眉《しゅうび》を開《ひら》いた。

【240〜241ページ】

【我孫子事件・あびこじけん】
明治十五年九月、天理教の一信者が、善意からではあったが、結果的に病人を死に至らしめた事件。結局は無罪となったが、この事件は『大阪朝日新聞』にも取り上げられた。

お屋敷《やしき》では、十月《がつ》二十六日《にち》(陰暦九月十五日)のおつとめの際《さい》、ふとした機《はず》みで、つとめ人衆の一人《ひとり》前川半三郎《まえがわはんざぶろう》が、辻《つじ》とめぎくの琴《こと》の上《うえ》に躓《つまず》いて倒《たお》れ、山本利三郎《やまもとりさぶろう》は、お供《そなえ》の餅米《もちごめ》を間違《まちが》えて飯《めし》に炊《た》いた。人々《ひとびと》は、何《なん》となく、変《かわ》った事《こと》が起《おこ》らねばよいがなあ、と思《おも》っていた処《ところ》、翌《よく》二十七日《にち》(陰暦九月十六日)、奈良警察署《ならけいさつしょ》から、警官《けいかん》が、村《むら》の足達秀治郎《あだちひでじろう》を同行《どうこう》して取調《とりしら》べに来《き》た。

この時《とき》、**曼陀羅**《まんだら》をはじめ、祭祀用具一切《さいしようぐいっさい》から、神前《しんぜん》にあった提灯《ちょうちん》や、座敷《ざしき》にかけてあった額迄《がくまで》取《と》り払《はろ》うて、村総代《むらそうだい》の所《ところ》へ運《はこ》ばせた。居合《いあ》わせた人々《ひとびと》は、梶本《かじもと》、梅谷《うめたに》、喜多《きた》、桝井《ますい》等である。

翌々日《よくよくじつ》、即《すなわ》ち、十月《がつ》二十九日《にち》(陰暦九月十八日)、教祖《おやさま》初《はじ》め、山澤良治郎《やまざわりょうじろう》、辻忠作《つじちゅうさく》、仲田儀三郎《なかたぎさぶろう》、山本利三郎《やまもとりさぶろう》、森田清蔵《もりたせいぞう》を、奈良警察署《ならけいさつしょ》へ呼《よ》び出《だ》した。

【242〜243ページ】

【曼陀羅・まんだら】 仏教の教えや悟りの世界を象徴するものとして、一定の方式に基づいて、諸仏、菩《ぼ》薩《さつ》および神々を網羅《もうら》して描いた図。多くの種類がある。元来は密教のもの。

この時《とき》は、明治《めいじ》八年以来《ねんいらい》の、長《なが》い御苦労《ごくろう》であったが、この間《あいだ》、教祖《おやさま》は、監獄署《かんごくしょ》のものは水《みず》一滴《てき》も口《くち》になさらず、しかも元気《げんき》で、十一月《がつ》九日《か》(陰暦九月二十九日)、お屋敷《やしき》へ帰《かえ》られた。

教祖《おやさま》お帰《かえ》りの時《とき》は、お迎《むか》えの人力車《じんりきしゃ》は百《ひゃく》五、六十台《だい》、人《ひと》は千数百人《せんすうひゃくにん》。よし善《ぜん》で休憩《きゅうけい》の上《うえ》、人力車《じんりきしゃ》を連《つら》ね、大勢《おおぜい》の人々《ひとびと》に迎《むか》えられて、お帰《かえ》りになった。この日《ひ》、奈良丹波市近辺《ならたんばいちきんぺん》に、空《あ》いている車《くるま》は一台《だい》も無《な》かったという。

教祖《おやさま》の御一行《ごいっこう》は、前日《ぜんじつ》に召喚《しょうかん》されて、帯解《おびとけ》の分署《ぶんしょ》で一日留置《にちりゅうち》の上《うえ》、奈《な》良《ら》監獄署《かんごくしょ》へ送《おく》られる飯降伊蔵《いぶりいぞう》と、**奈良《なら》の文珠《もんじゅ》**の前《まえ》で行違《ゆきちご》うたが、この時《とき》、伊蔵《いぞう》は、大声《おおごえ》に、行《い》ってくるで。と言《い》った。その声《こえ》に応《おう》じて、娘《むすめ》のよしゑは、家《うち》の事《こと》は心配《しんぱい》いらぬさかえ、ゆっくり行《い》てきなはれ。と言《い》うた処《ところ》、伊《い》蔵《ぞう》は、大《おお》いに安心《あんしん》して悠々《ゆうゆう》と引《ひ》かれて行《い》った。

【244～245ページ】

【奈良の文殊《ならのもんじゅ》】
興福寺《こうふくじ》の東金堂のこと。中に文殊菩薩像《もんじゅぼさつぞう》が祀《まつ》られている。五重塔のすぐ北側にある。

興福寺・東金堂（左）

明治《めいじ》十六年《ねん》は、年《とし》の初《はじ》めから厳《きび》しい取締《とりしま》りがつづき、昼《ひる》も夜《よる》も巡査《じゅんさ》の回《まわ》って来《こ》ない日《ひ》とては無《な》かったが、この夏《なつ》は、近畿一帯《きんきいったい》に亙《わた》っての大旱魃《だいかんばつ》であり、三島村《みしまむら》も長《なが》い間《あいだ》の旱魃《ひでり》つづきで、田圃《たんぼ》にはひびが入《はい》り、稲《いね》は葉《は》も茎《くき》も赤《あか》くなって、今《いま》にも枯《か》れん有様《ありさま》と成《な》った。村人達《むらびとたち》は、村《むら》の鎮守《ちんじゅ》にお籠《こも》りして、三夜《や》に亙《わた》って雨乞《あまごい》をしたけれども、一向《いっこう》に験《きき》めが見《み》えない。そこで、村《むら》の人々《ひとびと》は、お屋敷《やしき》へやって来《き》て、お籠《こも》りをさして下《くだ》され。と頼《たの》んだ。年《ねん》来《らい》の厳《きび》しい取締《とりしま》りで、参詣人《さんけいにん》は一人《ひとり》も寄《よ》せつけてはならぬ。おつとめをしてはならぬ。おつとめをしたら、教祖《おやさま》を連《つ》れて行《ゆ》く。と言《い》われていた頃《ころ》であるから、お屋敷《やしき》では、当局《とうきょく》の取締《とりしま》りの厳《きび》しい旨《むね》を述《の》べ、言葉《ことば》を尽《つく》して断《ことわ》った。しかし、村人《むらびと》とても、万策《ばんさく》つきた場合《ばあい》であったから、お籠《こも》りさしてもらう訳《わけ》に行《ゆ》かぬなら、雨乞《あまごい》づとめをして下《くだ》され。氏神《うじがみ》の境内《けいだい》にておつとめして下《くだ》され。と、一昼夜《いっちゅうや》退《しりぞ》かなかった。

【258～259ページ】

【雨乞・あまごい】
日照りが続いたとき、雨が降るように神仏に祈ること。教祖は「よろづたすけ」のつとめに加えて、明治八年に十一通りのおつとめを教えられたが、その中に「雨乞づとめ」がある。

つとめを了《おわ》ってから、一同《いちどう》が氏神《うじがみ》の境内《けいだい》で休《やす》んでいると、村人達《むらびとたち》も大《たい》そう喜《よろこ》び、かんろだいの場所《ばしょ》でお礼《れい》さしてもらいたい、と言《い》って来《き》た。そこで、かんろだいの所《ところ》へ帰《かえ》って来《き》て、皆揃《みなそろ》うてお礼《れい》の参拝《さんぱい》をしていると、丹《たん》波《ば》市《いち》分署《ぶんしょ》から数名《すうめい》の巡査《じゅんさ》が駈《か》けつけて来《き》た。そして、何《なに》をしておるか。と言《い》うから、村《むら》の頼《たの》みで雨乞致《あまごいいた》しました。と答《こた》えた。それなら村役人《むらやくにん》を呼《よ》んで来《こ》い。との事《こと》で、来《く》るには来《き》たが、巡査《じゅんさ》が、雨乞《あまごい》を頼《たの》んだか何《ど》うか。と尋問《じんもん》すると、その場《ば》の空気《くうき》に怖《おそ》れをなして、知《し》りません、頼《たの》みません。と、言《い》い遁《のが》れた。そこで雨乞《あまごい》づとめに出《で》た一同《いちどう》は、ずぶ濡《ぬ》れのまま拘引《こういん》された。

ちょうど、三島《みしま》の川筋《かわすじ》は**番破《ばんやぶ》れ**となり、川上《かわかみ》の滝本村《たきもとむら》の方《ほう》で水喧嘩《みずげんか》が出来《でき》たので、二人《ふたり》の巡査《じゅんさ》はそちらへ駈《か》けつけ、あとに残《のこ》った一人《ひとり》の巡査《じゅんさ》に連《つ》れられて、一同腰縄付《いちどうこしなわつ》き、両端《りょうはし》の二人《ふたり》は縄《なわ》を結《むす》びつけ、余《よ》の者《もの》は帯《おび》に縄《なわ》を通《とお》して、布留街道《ふるかいどう》を西《にし》へ丹波市分署《たんばいちぶんしょ》へと向《むか》った。

【261〜262ページ】

【番破れ・ばんやぶれ】
灌漑用水《かんがいようすい》は、旱魃《かんばつ》で水不足になると、村々の水利権の順序に従って引水する「番水《ばんすい》」という制度がとられていた。しかし、大雨が降って増水すると、自由に水を取ってよいことになり、これを「番破れ」といった。

この秋《あき》に、普請中《ふしんちゅう》であった**御休息所《ごきゅうそくしょ》**は、内造《うちづく》りが完成《かんせい》した。三間《げん》に四間《けん》の建物《たてもの》で、四畳《じょう》八畳《じょう》の二間《ふたま》である。

教祖《おやさま》は、十一月《がつ》二十五日《にち》、陰暦《いんれき》十月《がつ》二十六日《にち》の夜《よる》、親神《おやがみ》のお指図《さしず》のまにまに、刻限《こくげん》の来《く》るのを待《ま》って、中南《なかみなみ》の門屋《もんや》から新《あたら》しい御休息所《ごきゅうそくしょ》へ移《うつ》られた。【266ページ】

【御休息所・ごきゅうそくしょ】

明治十六年竣工《しゅんこう》。つとめ場所の北側に位置し、長四畳の上段の間と、八畳の二間からなり、東と北に縁側がある。

明治十六年陰暦十月二十六日夜から、明治二十年に現身《うつしみ》をおかくしになるまで、教祖のお居間であった。

御休息所

内部

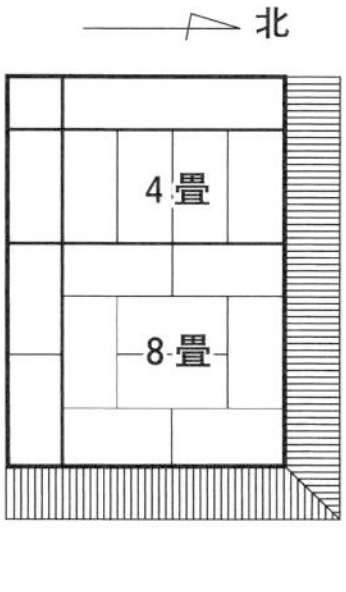

こうして、三月《がつ》二十四日《か》から四月《がつ》五日《か》まで（陰暦二月二十七日から三月十日まで）、監獄署《かんごくしょ》で御苦労下《ごくろうくだ》されたのであるが、その間《かん》、差入《さしい》れに又留守居《またるすい》に、眞之亮《しんのすけ》初《はじ》め取次《とりつぎ》の人々《ひとびと》も、一般《いっぱん》の信者《しんじゃ》の人々《ひとびと》も、心《こころ》を千々《ちぢ》に砕《くだ》き有《あ》らん限《かぎ》りの真心《まごころ》を尽《つく》した。

お帰《かえ》りの時《とき》には、信者《しんじゃ》の人々《ひとびと》が多数《たすう》、お迎《むか》えに押《お》し寄《よ》せたので、監獄署《かんごくしょ》の門前《もんぜん》は一面《いちめん》の人《ひと》で、午前《ごぜん》十時《じ》、教祖《おやさま》が門《もん》から出《で》て来《こ》られると、信者達《しんじゃたち》はパチパチと拍手《かしわで》を打《う》って拝《おが》んだ。監獄署《かんごくしょ》を出《で》られた教祖《おやさま》は、定宿《じょうやど》のよし善《ぜん》で入浴《にゅうよく》、昼飯《ちゅうはん》を済《す》まされ、お迎《むか》えの信者達《しんじゃたち》にもお目通《めどお》りを許《ゆる》され、酒《しゅ》飯《はん》を下《くだ》されて後《のち》、村田長平《むらたちょうべい》の挽《ひ》く人力車《じんりきしゃ》に乗《の》って、お屋敷《やしき》へ帰《かえ》られたが、同《おな》じく人力車《じんりきしゃ》でお供《とも》する人々《ひとびと》の車《くるま》が数百台《すうひゃくだい》もつづいた。沿道《えんどう》は到《いた》る所《ところ》人《ひと》の山《やま》で、就中《なかんずく》、**猿沢池**《さるさわいけ》の附近《ふきん》では、お迎《むか》えの人々《ひとびと》が一斉《いっせい》に拍手《かしわで》を打《う》って拝《おが》んだ。

【271～272ページ】

【猿沢池《さるさわいけ》】奈良公園内、興福寺の南にある池。捕らえた生き物を逃がしてやる放生《ほうじょう》池としてつくられたという。

猿沢池（奈良市登大路《のぼりおおじ》町）

当時《とうじ》京都《きょうと》では明誠組《めいせいぐみ》が、**心学道話**《しんがくどうわ》を用《もち》いて迫害《はくがい》を避《さ》けていたのに倣《なろ》うて、明治《めいじ》十七年《ねん》五月《がつ》九日《か》(陰暦四月十四日)付《づけ》、梅谷《うめたに》を社長《しゃちょう》として心学道話講《しんがくどうわこう》究所天輪王社《きゅうしょてんりんおうしゃ》の名義《めいぎ》で出願《しゅつがん》した処《ところ》、五月《がつ》十七日《にち》(陰暦四月二十二日)付《づけ》「書面《しょめん》願之趣《ねがいのおもむき》指令《しれい》スベキ限《かぎり》ニ無之依《これなくよっ》テ却下《きゃっか》候事《そうろうこと》」但《ただ》し、願文《がんぶん》の次第《しだい》は差支《さしつか》えなし。との回答《かいとう》であった。それで大阪《おおさか》の順慶町《じゅんけいまち》に、天輪王社《てんりんおうしゃ》の標札《ひょうさつ》を出《だ》した。

【275ページ】

【心学道話《しんがくどうわ》】心学の教化のための訓話。身近な例をあげて、分かりやすく道徳を説いたもの。心学とは、江戸時代、石田梅岩《いしだばいがん》が唱えた実践道徳の教え。

本格的《ほんかくてき》な教会設置運動《きょうかいせっちうんどう》の機運《きうん》はこの頃《ころ》から漸《ようや》く動《うご》き始《はじ》め、この年《とし》三月《がつ》、四月《がつ》に亙《わた》り、**大神教会**《おおみわきょうかい》の添書《てんしょ》を得《え》て、神道管長宛《しんとうかんちょうあて》に、眞之亮《しんのすけ》以下《いか》十名《めい》の人々《ひとびと》の**教導職**《きょうどうしょく》補命《ほめい》の手続《てつづ》きをすると共《とも》に、四月《がつ》と七月《がつ》の二度《ど》、大阪府《おおさかふ》へ願《ねが》い出《で》た。（中略）

教導職補命《きょうどうしょくほめい》の件《けん》は、五月《がつ》二十二日《にち》(陰暦四月八日)付《づけ》、眞之亮《しんのすけ》の補命《ほめい》が発令《はつれい》された。つづいて、同《どう》二十三日《にち》(陰暦四月九日)付《づけ》、神道本局直轄《しんとうほんきょくちょっかつ》の六等教《とうきょう》会設置《かいせっち》が許可《きょか》され、更《さら》に、その他《ほか》の人々《ひとびと》の補命《ほめい》の指令《しれい》も到着《とうちゃく》し、六月《がつ》二日《か》(陰暦四月十九日)付《づけ》、受書《うけしょ》を提出《ていしゅつ》した。【278〜279ページ】

【大神教会●おおみわきょうかい】

明治五年に大神神社内に付設された小教院をもとに、明治十三年に結成された講社。十五年に神社と分離して独立し、神道事務局配下の組織となった。


【教導職●きょうどうしょく】

一般国民の教化を目的として、明治五年、教部省に置かれた職。神官や僧侶《そうりょ》が任命された。明治十七年廃止。大教正《だいきょうせい》・権《ごん》大教正・中教正・権中教正・少教正・権少教正・大講義・権大講義・中講義・権中講義・少講義・権少講義・訓導《くんどう》・権訓導と称する十四級の職制は、その後も教派神道に継承され、職階名として用いられている。天理教においても、教師の職階名として採用していたが、戦後の「復元」によって廃止された。

年《とし》が明《あ》けると明治《めいじ》十九年《ねん》、教祖《おやさま》八十九歳《さい》になられる。二月《がつ》十八日《にち》（陰暦正月十五日）、心勇組《しんゆうぐみ》の講中《こうじゅう》が大勢《おおぜい》、お屋敷《やしき》へ参詣《さんけい》に来《き》て、十二下《くだ》りを勤《つと》めさして下《くだ》され。と頼《たの》んだけれども、目下《もっか》、警察《けいさつ》より厳《きび》しく取締《とりしま》りあるに付《つ》き、もし十二下《くだ》りを勤《つと》めるならば、忽《たちま》ち、教祖《おやさま》に御迷惑《ごめいわく》がかかるから。と、断《ことわ》った。

上村吉三郎《うえむらきちさぶろう》はじめ、一部《いちぶ》の者《もの》は、勇《いさ》み切《き》った勢《いきおい》の赴《おもむ》くままに、信徒《しんと》の宿《しゅく》泊所《はくしょ》になっていた、門前《もんぜん》のとうふやこと村田《むらた》長平方《ちょうべいかた》の二階《かい》で、てをどりを始《はじ》めた。早《はや》くもこれを探知《たんち》した櫟本分署《いちのもとぶんしょ》から、時《とき》を移《うつ》さず、数名《すうめい》の巡《じゅん》査《さ》が来《き》て、直《ただ》ちに、居合《いあ》わせた人々《ひとびと》を解散《かいさん》させ、つづいて、お屋敷《やしき》へやって来《き》て、表門《おもてもん》も裏門《うらもん》も閉《し》めさせた上《うえ》、お居間《いま》へ踏《ふ》み込《こ》んで、戸棚《とだな》から箪《たん》笥《す》の中《なか》までも取調《とりしら》べた。すると、お守《まも》りにする布片《ぬのぎれ》に字《じ》を書《か》いたものが出《で》て来《き》たので、それを証拠《しょうこ》として教祖《おやさま》と眞之亮《しんのすけ》を引致《いんち》し、併《あわ》せて、お屋敷《やしき》に居合《いあ》わせた桝井《ますい》、仲田《なかた》の両名《りょうめい》をも引致《いんち》した。

【282～283ページ】

【櫟本分署・いちのもとぶんしょ】

明治十九年、それまでの丹波市《たんばいち》分署と帯解《おびとけ》の今市《いまいち》分署を合併して設置。教祖は、明治十九年二月十八日から十二日間、三十年来という厳寒のさなかに、八十九歳の高齢の御身《おんみ》をもって御苦労くだされた。

◎第十章

扉ひらいて

教祖《おやさま》は、午後《ごご》二時頃《じごろ》つとめの了《おわ》ると共《とも》に、眠《ねむ》るが如《ごと》く現身《うつしみ》をおかくしになった。時《とき》に、御年《おんとし》九十歳《さい》。

人々《ひとびと》は、全《まった》く、立《た》っている大地《だいち》が砕《くだ》け、日月《じつげつ》の光《ひかり》が消《き》えて、この世《よ》が真《ま》っ暗《くら》になったように感《かん》じた。真実《しんじつ》の親《おや》、長年《ながねん》の間《あいだ》、何《なに》ものにも替《か》え難《がた》く慕《した》い懐《なつ》かしんで来《き》た教祖《おやさま》に別《わか》れて、身《み》も心《こころ》も消《き》え失《う》せんばかりに泣《な》き悲《かな》しんだ。更《さら》に又《また》、常々《つねづね》、百十五歳定命《さいじょうみょう》と教《おし》えられ、余人《よじん》はいざ知《し》らず、教祖《おやさま》は必《かなら》ず百十五歳《さい》までお居《い》で下《くだ》さるものと、自《みずか》らも信《しん》じ、人《ひと》にも語《かた》って来《き》たのみならず、今日《きょう》は、こうしておつとめをさして頂《いただ》いたのであるから、必《かなら》ずや御守護《ごしゅご》を頂《いただ》けるに違《ちが》いないと、勇《いさ》み切《き》っていただけに、全《まった》く驚愕《きょうがく》し落胆《らくたん》した。人々《ひとびと》は、皆《みな》うなだれて物《もの》を言《い》う気力《きりょく》もなく、ひたすらに泣《な》き

悲《かな》しんでいたが、これではならじと気《き》を取《と》り直《なお》し、**内蔵**《うちぐら》の二階《かい》で、飯降伊《いぶりい》蔵《ぞう》を通《とお》してお指図《さしず》を願《ねが》うと、

さあ〳〵ろっくの地《ぢ》にする。皆々《みな〳〵》揃《そろ》うたか〳〵。よう聞《き》き分《わ》け。これまでに言《い》うた事《こと》、実《じつ》の箱《はこ》へ入《い》れて置《お》いたが、神《かみ》が扉開《とびらひら》いて出《で》たから、子供可愛《こどもかわ》い故《ゆえ》、をやの命《いのち》を二十五年先《ねんさき》の命《いのち》を縮《ちぢ》めて、今《いま》からたすけするのやで。しっかり見《み》て居《い》よ。今《いま》までとこれから先《さき》としっかり見《み》て居《い》よ。扉開《とびらひら》いてろっくの地《ぢ》にしようか、扉閉《とびらし》めてろっくの地《ぢ》に。扉開《とびらひら》いて、ろっくの地《ぢ》にしてくれ、と、言《い》うたやないか。思《おも》うようにしてやった。さあ、これまで子供《こども》にやりたいものもあった。なれども、ようやらなんだ。又々《また〳〵》これから先《さき》だん〳〵に理《り》が渡《わた》そう。よう聞《き》いて置《お》け。

と、お言葉《ことば》があった。

【332〜334ページ】

【内蔵・うちぐら】

教祖の御休息所の北側に隣接して建てられていた、四間《けん》と二間半、約二十坪《つぼ》の建物。明治十三年ごろの建築。明治二十年陰暦正月二十六日、教祖が現身《うつしみ》をかくされた後、この内蔵の二階で飯降伊蔵を通してお指図を仰いだ。

内蔵

教祖現身おかくし翌日のお屋敷の人々

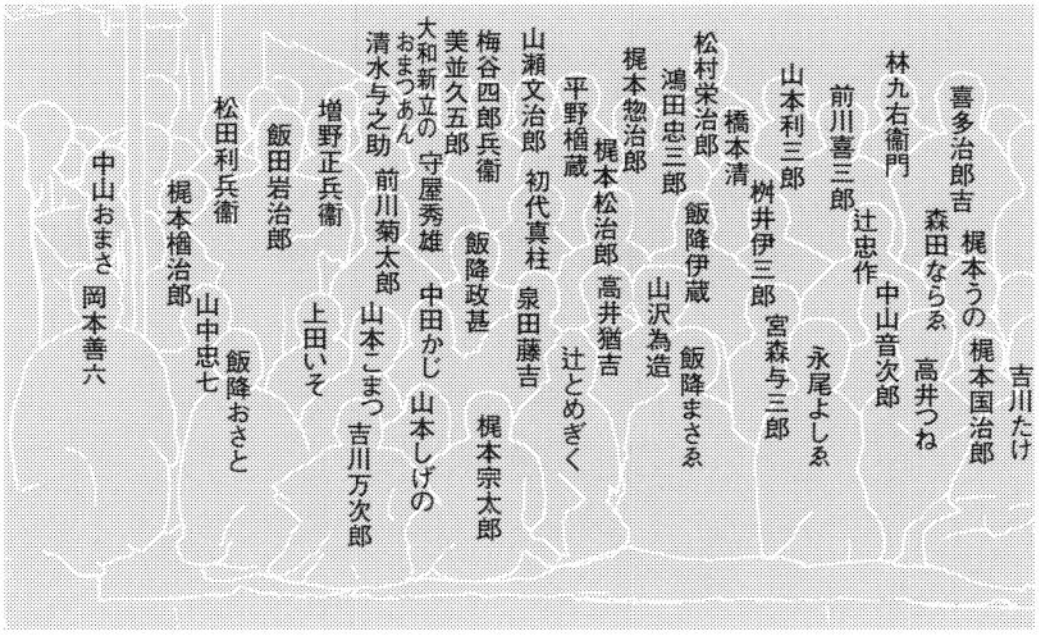

教祖伝参考略年表

※年齢はすべて数え年

立教	年号	西暦	教祖年齢	出来事
	寛政10	1798	1	4月18日、教祖、大和国山辺郡西三昧田村にご誕生。
	文化1	1804	7	父から読み書きの手ほどきを受けられる。
	3	1806	9	このころから寺子屋に通われる（11歳まで）。
	6	1809	12	機織り、裁縫も一人前に上達。このころ和讃を暗誦、尼を志望される。
	7	1810	13	9月15日、庄屋敷村中山家にご入嫁。夫・善兵衛23歳。
	10	1813	16	姑《しゅうとめ》きぬから所帯を任される。
	13	1816	19	3月15日、勾田村善福寺で五重相伝を受けられる。
				女衆《おなごし》かのが毒害を企てたのは、この前後と伝えられる。
	文政3	1820	23	6月11日、舅《しゅうと》・善右衛門出直し（62歳）。
	4	1821	24	7月24日、長男・善右衛門（のちの秀司）出生。
	6	1823	26	怠け者改心の件、女物乞いの件、米盗人《ぬすと》の件は、この前後十数年

				間の出来事と伝えられる。
	8	1825	28	4月8日、長女まさ出生。
	10	1827	30	9月9日、二女やす出生。
	11	1828	31	4月8日、姑きぬ出直し。 隣家の子の黒疱瘡《くろぼうそう》を神仏に祈願してたすけられる。
	天保1	1830	33	二女やす出直し（4歳）。
	2	1831	34	9月21日、三女きみ（のちのはる）出生。
	3	1832	35	このころ、善兵衛庄屋役を務める。
	4	1833	36	11月7日、四女つね出生。
	6	1835	38	四女つね出直し（3歳）。
	8	1837	40	10月26日、秀司、畑仕事中に突然の足痛、長滝村の修験者・中野市兵衛に祈禱《きとう》依頼。 12月15日、五女こかん出生。
1	9	1838	41	10月23日夜四ツ刻《どき》（午後10時頃）、秀司の足痛、善兵衛の眼痛、教祖の腰痛。夜明けを待ち祈禱。教祖が加持台となり、親神の顕現。 10月26日朝五ツ刻（午前8時頃）、教祖「月日のやしろ」に定まられる（立教）。

3	天保11	1840	43	立教後三年ほど、しばしば内蔵にこもられたと伝えられる。 この前後、「貧に落ち切れ」の神命により、嫁入り荷物を手はじめに家財道具などを施される。
4	12	1841	44	をびやためしにかかられる。
5	13	1842	45	この前後、「この家形取り払え」の神命があり、屋根の瓦をおろし、高塀を取り払う。村人、役友達、親族不付き合いとなる。 幾度か池や井戸に身を投げようとされたと伝えられる。
11	嘉永1	1848	51	このころ、神命によりお針子をとり、裁縫を教えられ、秀司は村の子に読み書きを教える。
15	5	1852	55	三女きみ、櫟本村の梶本惣治郎に嫁ぐ（はると改名）。
16	6	1853	56	2月22日、夫・善兵衛出直し（66歳）。 中山家の母屋取りこぼち。 こかん、浪速・道頓堀に神名を流す。
17	安政1	1854	57	（嘉永7年）をびや許しの始め（三女はるに、内からのためし。11月5日の出産当日、大地震にもかかわらず安産）。 長女まさ、このころ豊田村・福井治助に嫁ぐ。
18	2	1855	58	残った田地3町歩余を年切質に入れる。さらに約10年間、貧のどん底の道を通られる。

20	4	1857	60	信者が初めて米4合を持ってお礼参り。
21	5	1858	61	清水惣助の妻ゆきにをびや許し。
22	6	1859	62	ゆきに再度のをびや許し。
24	文久 1	1861	64	このころ、櫟枝村の西田伊三郎入信。
25	2	1862	65	安堵村、平井伊平の妻女のおたすけに赴かれる。 このころ、前栽村の村田幸右衛門入信。
26	3	1863	66	このころ、「講を結べ」と仰せられる。 安堵村の飯田岩治郎のおたすけに赴かれる。 豊田村の仲田儀三郎、辻忠作入信。
27	元治 1	1864	67	1月中旬、安堵村の飯田宅へ赴かれ40日間ご逗留。近村からたすけを願う人続々来る。 春ごろから、扇・御幣・肥のさづけを渡される。 9月13日、つとめ場所の手斧《ちょんの》始め。 10月26日、つとめ場所棟上げ。翌27日、大和神社のふし起こる。 この年、並松村の医者・古川文吾、奈良金剛院の山伏らを伴い論難に来る。 大豆越村の山中忠七、新泉村の山澤良治郎、大西村の上田平治、 永原村の岡本重治郎、櫟本村の飯降伊蔵、伊豆七条村の桝井伊三

28	慶応1	1865	68	郎、法貴寺村の前川喜三郎入信。 6月、田村法林寺、田井庄村光蓮寺の僧侶らが弁難に来る。 このころ、大和一国神官取締守屋筑前守、教祖と面談し公許を勧める。 8月19日、大豆越村の山中宅へ赴かれる（25日まで）。 9月20日ごろから30日間の断食の後、助造の妄説を説得に針ケ別所へ。
29	2	1866	69	「あしきはらひたすけたまへ　てんりわうのみこと」の歌と手振りを教えられる。 5月7日、梶本家の三男として眞之亮（初代真柱）出生。 秋ごろ、小泉村不動院の山伏が論難に来て乱暴。
30	3	1867	70	みかぐらうた十二下りの歌（正月～8月）と手振り（以後3カ年）を教えられる。 秀司、京都・吉田神祇管領に公認出願。7月23日認可。
31	4	1868	71	3月7日、大豆越村の山中宅へ赴かれる（10日まで）。 3月28日、てをどり稽古中、村民乱暴。
32	明治2	1869	72	おふでさき第1号（正月）、第2号（3月）ご執筆。 4月末から38日間断食。

				この年、秀司（49歳）、小東まつゑ（19歳）と結婚。 このころすでに、はったい粉を御供《ごく》として渡される。
33	3	1870	73	この年、「ちよとはなし」および「よろづよ八首」を教えられる。
35	5	1872	75	6月ごろから75日間の断食。この間、若井村の松尾宅へ赴かれる。 6月18日、梶本はる出直し（42歳）。 9月ごろから「別火別鍋」と仰せられる。
36	6	1873	76	飯降伊蔵に命じてかんろだいの雛型を作成。 5月26日、秀司、庄屋敷村戸長となる。
37	7	1874	77	6月18日（陰暦5月5日）、前川宅にかぐら面を受け取りに赴かれる。 陰暦10月、仲田と松尾に命じて大和神社へ赴かせ神祇問答。直後、石上神宮神職が論難に来る。数日後、丹波市分署より警官出張、つとめ場所の神具を没収し村総代に預ける。 12月23日、奈良県庁からの呼び出しに応じ、5人を伴い山村御殿（円照寺）へ赴かれ、社寺係の取り調べを受けられる。 12月26日、赤衣《あかき》を召される。同日、仲田、松尾、辻、桝井にさづけを渡される。
38	8	1875	78	6月29日（陰暦5月26日）、ぢば定め。

				9月24日、奈良県庁から教祖、秀司に呼出状。翌日、教祖、まさ、辻出頭、留置。 9月27日、こかん出直し（39歳）。 9月、中南の門屋が竣工し、移り住まわれる。 この年、「いちれつすますかんろだい」の歌と手振り、をびやづとめなど11通りのつとめの手を教えられる。
39	明治9	1876	79	この年の中ごろ、秀司、信者参拝の便法として堺県から風呂屋と宿屋の営業許可を受ける。
40	10	1877	80	年初から、三曲の女鳴物を教えられる。 2月5日、たまへ（秀司の長女）出生（教祖おふでさきで予言）。 5月21日、奈良警察署から秀司に召喚状。40日間拘留のうえ罰金（御供中に薬物混入の嫌疑のため）。
41	11	1878	81	真明講結成（講元は秀司）。 このころ、はったい粉に代えて金米糖を御供とされる。
42	12	1879	82	陰暦2月、上田ナライトをもらい受けられる。 6月、増井りん、教祖お守役となる。 このころ村民、参拝者多数のため迷惑と、苦情や乱暴。
43	13	1880	83	秀司、参拝者の便法として金剛山地福寺真言教会に交渉し転輪王

				講社結成。9月22日、開筵式。30日（陰暦8月26日）、初めて鳴物そろえておつとめ。この年、眞之亮（15歳）お屋敷へ移り住む（14年入籍）。内蔵（乾蔵）落成。
44	14	1881	84	4月8日、秀司出直し（61歳）。 5月5日、滝本村の山でかんろだいの石見。5月上旬、かんろだいの石出しひのきしん。 9月下旬、かんろだい2段までできる。 10月7日、人を集めたかどで教祖ら拘引、科料。
45	15	1882	85	3月26日、飯降伊蔵一家がお屋敷に移り住む。 5月12日、かんろだいの石、教祖の赤衣など、警察に没収される。 同時に、みかぐらうたの一部改まる（「いちれつすまして」など）。 9月22日、眞之亮（17歳）、中山家の家督を相続。 10月12～26日、毎日おつとめが勤められる。 10月、教祖、山澤良治郎ら召喚。29日出頭、教祖12日間、他は10日間の拘留。11月9日、飯降伊蔵、教祖と入れ違いに10日間拘留。 11月8日、風呂屋廃業（14日ごろ宿屋も）。 11月10日、まつゑ出直し（32歳）。

				12月14日、転輪王講社解消。 このころ、おふでさきの筆を擱《お》かれる（全千七百十一首）。
46	明治16	1883	86	3月24日、巡査巡回、鴻田らに説諭。眞之亮一夜拘留。 6月1日、泥酔の巡査、乱暴を働き、お社、祖先霊璽《れいじ》を焼く。 8月15日、三島村民の懇願により雨乞いづとめ。にわかに豪雨。警官出張し祭具没収、一同を拘引。夜、教祖を引致。水利妨害・道路妨害の理由で科料。 10月16日、巡査出張、教祖を引致。 11月中旬、御休息所落成。25日（陰暦10月26日）真夜中、御休息所へ移られる。
47	17	1884	87	3月24日、教祖と鴻田、奈良監獄署に拘留。 4・5・6月の陰暦25～27日の間、教祖を警察署に留置。 8月18日、教祖、奈良監獄署に12日間拘留。出獄の日、出迎えの人力車数百台に及ぶ。 大阪天恵組信者、竹内未誉至「天輪教会」設立運動。おぢばに「教会創立事務所」設置。
48	18	1885	88	3月7日、眞之亮ほか教会創立事務所で会合。以後、設立運動本格化。

				4月29日、「天理教会結収御願」を大阪府知事に提出（却下）。 5月23日、神道本局から、神道直轄6等教会設置許可。 7月3日、「神道天理教会設立御願」を、男爵・今園国映を担任として再願（却下）。
49	19	1886	89	2月18日、心勇講の信者が豆腐屋旅館でてをどりを勤め、警官が解散を命じる。教祖、眞之亮ら櫟本分署に引致。教祖12日間の拘留（最後の御苦労）。 3月30日、眞之亮、教会開設出願のため上京。 5月28日、神道本局から来訪調査。地方庁認可まで大神教会の管理下にあるよう命じる。眞之亮、五カ条の「御請書」提出。 7月21日、「つとめの手、稽古せよ」と仰せられる。
50	20	1887	90	1月1日、教祖、風呂から出てよろめかれる。以後49日間、最後のお仕込みをされる。 1月4日、ご容体急変。飯降伊蔵を通じておさしづ。翌日から連日お詫びのつとめとねり合い。 2月18日（陰暦正月26日）、午後1時ごろから鳴物を入れてのかぐらづとめ。午後2時ごろ、教祖、現身をかくされる。

元年（1868年）、眼病から入信。同10年、喜多家に養子入籍。誠心講（治道大教会の前身）講元。大正６年（1917年）、66歳で出直し。……***99，242，247***

●山澤良治郎　やまざわりょうじろう
天保２年（1831年）、現・天理市新泉町生まれ。元治元年（1864年）、実姉・山中そののたすかりから入信。明治14年（1881年）、秀司の出直し後は眞之亮を支え、中山家の家事万端の取り締まりに当たる。同16年、53歳で出直し。……***58，61，65，97，155，156，158，160，161，234，237，243，247***

●山田伊八郎　やまだいはちろう
嘉永元年（1848年）、現・奈良県桜井市倉橋生まれ。明治14年（1881年）、山中忠七の長女こいそとの結婚により入信。心勇組（敷島大教会の前身）講元。大正５年（1916年）、69歳で出直し。……***159***

●山中忠三郎　やまなかちゅうざぶろう
現・天理市乙木町の人。明治15年（1882年）の教祖の御苦労の際、入れ替わりに奈良監獄署で10日間の拘留を受けた。……***148，245***

●山中忠七　やまなかちゅうしち
文政10年（1827年）、現・奈良県桜井市大豆越生まれ。文久４年（1864年）、妻そのの痔の患いをたすけられ入信。明治35年（1902年）、76歳で出直し。……***46，47，54，56，61，62，63，64，65，68，99***

●山本利三郎　やまもとりさぶろう
嘉永３年（1850年）、現・大阪府柏原市生まれ。明治６年（1873年）、相撲で胸を傷め病床に就いていたところをたすけられ入信。同28年、46歳で出直し。……***109，156，234，242，243，247，260，265，275，277，293，295，302，329***

●山本利八　やまもとりはち
文政２年（1819年）、現・大阪府柏原市生まれ。利三郎の父。明治６年（1873年）、長男・利三郎の病をたすけられ入信。同37年、86歳で出直し。……***109***

●与助　よすけ
堀内与助。文政３年（1820年）、現・奈良県大和郡山市櫟枝町生まれ。文久元年（1861年）、妻じゅうが「をびや許し」を頂き入信。……***128***

●**松村栄治郎** まつむらえいじろう
天保13年(1842年)、現・大阪府八尾市教興寺生まれ。明治4年(1871年)、妻さくの「たちやまい」をたすけられ入信。同22年、48歳で出直し。……*108,240,275*

●**松村さく** まつむらさく
弘化3年(1846年)、現・奈良県生駒郡平群町平等寺生まれ。小東政吉の長女。松村栄治郎の妻。昭和3年(1928年)、83歳で出直し。……*240*

●**宮森与三郎** みやもりよさぶろう
→ **岡田与之助**

●**村田かじ** むらたかじ
村田長平の妻。安政4年(1857年)、現・奈良県大和郡山市櫟枝町生まれ。明治34年(1901年)、45歳で出直し。……*260*

●**村田幸右衛門** むらたこうえもん
文政4年(1821年)、現・天理市前栽町生まれ。文久2年(1862年)、胃病をたすけられ入信。明治19年(1886年)、66歳で出直し。……*44,48,96*

●**村田長平** むらたちょうべい
弘化4年(1847年)、現・天理市前栽町生まれ。幸右衛門の長男。明治14年(1881年)、中山家の南方に村田家を新築、「とうふや」という屋号の旅館を営む。同26年、47歳で出直し。……*272,276,282*

●**森田清蔵** もりたせいぞう
安政元年(1854年)、現・奈良県生駒郡三郷町南畑生まれ。明治7、8年ごろから19年ごろまでの河内伝道に大きな役割を果たした。また、同17年(1884年)の「天輪教会」設立運動にかかわった人物。……*243,276,277*

●**守屋筑前守** もりやちくぜんのかみ
文化6年(1809年)、現・奈良県磯城郡田原本町蔵堂生まれ。同町にある守屋神社の神職を務めるとともに、京都の吉田神祇管領から筑前守の国名乗りを受け、大和一国の神職取締を命ぜられた。明治12年(1879年)、71歳で出直し。……*57,58,63,65,68,96,97*

●**諸井国三郎** もろいくにさぶろう
天保11年(1840年)、現・静岡県袋井市生まれ。明治16年(1883年)、三女・甲子の咽喉気から入信。山名大教会初代会長。大正7年(1918年)、79歳で出直し。……*269,309*

【や】

●**矢追治郎吉** やおいじろきち
嘉永5年(1852年)、現・奈良県大和郡山市伊豆七条町生まれ。明治

も務めた。天保11年（1840年）、76歳で出直し。……***11,66***

●**桝井伊三郎** ますいいさぶろう
嘉永３年(1850年)、現・奈良県大和郡山市伊豆七条町生まれ。文久３年(1863年)、母キクが夫・伊三郎の喘息をたすけられ入信。翌元治元年、母の危篤をたすけられ、15歳の伊三郎は熱心に信仰を始める。明治43年(1910年)、61歳で出直し。……***61,124,135,234,242,247,260,265,283,284,285,293,295,301,309,329***

●**増井とみゑ** ますいとみえ
慶応３年(1867年)、現・大阪府柏原市大県生まれ。増井りんの長女。明治10年(1877年)、教祖から直々に女鳴物を教わった一人。控えであった。同41年、42歳で出直し。……***136***

●**増井りん** ますいりん
天保14年(1843年)、現・大阪府柏原市大県生まれ。明治７年(1874年)、両眼の失明をたすけられ入信。大縣大教会の礎を築き、教祖と本席のお守り役を務める。女性でただ一人、本部員となる。昭和14年(1939年)、97歳で出直し。……***126***

●**増田甚七** ますだじんしち
文久３年(1863年)、現・奈良県磯城郡田原本町生まれ。昭和３年(1928年)、66歳で出直し。……***296***

●**増野正兵衛** ますのしょうべえ
嘉永２年(1849年)、現・山口県萩市生まれ。明治17年(1884年)、妻いとの眼病と自身の脚気をたすけられ入信。大正３年(1914年)、66歳で出直し。……***274,280,291,309,330***

●**松尾市兵衛** まつおいちべえ
天保６年(1835年)、現・奈良県生駒郡平群町白石畑生まれ。野口吉平の長男、のち松尾家に養子入籍。慶応２年(1866年)、妻はるの産後の患いから入信。明治12年（1879年)、45歳で出直し。……***73,108,115,118,121,124,128,143***

●**松田音次郎** まつだおとじろう
弘化元年(1844年)、現・大阪府八尾市刑部生まれ。明治13年（1880年)ごろ、友人のたすかりと、「みかぐらうた」に感じ入って入信。大正７年(1918年)、75歳で出直し。……***151,265***

●**松田利平** まつだりへい
文政６年(1823年)、現・奈良県磯城郡田原本町小阪生まれ。明治36年(1903年)、81歳で出直し。……***135***

●**橋本清** はしもときよし
現・奈良県桜井市芝の人。元丹波市町石上尋常小学校教諭。教員時代に中山眞之亮と親交があり、のち、お屋敷の勤めに従事するようになる。明治30年(1897年)、離脱。……***329***

●**平野楢蔵** ひらのならぞう
弘化2年(1845年)、現・大阪府八尾市恩智生まれ。森石松の長男、のち平野家に養子入籍。侠客「恩智楢」として名を馳せていたが、明治18年(1885年)、神経病をたすけられ入信。郡山大教会初代会長。同40年、63歳で出直し。……***282,295,296,329***

●**深谷源次郎** ふかやげんじろう
天保14年(1843年)、現・京都市東山区古川町生まれ。明治14年(1881年)、教理の明朗さに感じて入信。翌年、目の負傷をたすけられ、本格的に信仰を始める。河原町大教会初代会長。大正12年(1923年)、81歳で出直し。……***159***

●**福井治助** ふくいじすけ
文化13年(1816年)生まれ。教祖の長女まさと結婚。のち離縁。明治11年(1878年)、63歳で出直し。……***34***

【ま】

●**前川菊太郎** まえがわきくたろう
慶応2年(1866年)生まれ。教祖の兄・前川杏助の孫。大正2年(1913年)、48歳で出直し。……***276,309,310,329***

●**前川喜三郎** まえがわきさぶろう
天保5年(1834年)、現・奈良県磯城郡田原本町法貴寺生まれ。文久3年(1863年)、妻たけの癪の病から入信。城法大教会初代会長。明治27年(1894年)、61歳で出直し。……***61***

●**前川きぬ** まえがわきぬ
教祖の母。弘化2年(1845年)、73歳で出直し。……***11***

●**前川杏助** まえがわきょうすけ
教祖の兄。教祖の依頼で、初めてのかぐら面を製作する。明治5年(1872年)、80歳で出直し。……***111***

●**前川半三郎** まえがわはんざぶろう
教祖の弟。のち、久しく嫡子がなかった兄杏助の準養子となり、前川家の家督を相続。明治31年(1898年)、84歳で出直し。……***25,242,243***

●**前川半七正信** まえがわはんしちまさのぶ
教祖の父。領主から無足人に列せられて名字帯刀を許され、大庄屋

と結婚。昭和13年(1938年)、62歳で出直し。……***136, 156, 157, 247, 249, 267, 268, 329, 331, 332***

●中山つね なかやまつね
天保4年(1833年)生まれ。教祖の四女。同6年、3歳で夭折。……***21***

●中山はる なかやまはる
天保2年(1831年)生まれ。教祖の三女。梶本惣治郎に嫁ぐ。初代真柱・中山眞之亮の実母。明治5年(1872年)、42歳で出直し。……***9, 21, 32, 35, 36, 37, 66, 108, 152***

●中山まさ なかやまままさ
文政8年(1825年)生まれ。教祖の長女。豊田村の福井治助に嫁ぐが、明治11年(1878年)復籍、分家。同28年、71歳で出直し。……***9, 18, 32, 34, 132, 244, 252, 253, 263, 264, 331***

●中山まつゑ なかやままつえ
嘉永4年(1851年)、現・奈良県生駒郡平群町平等寺生まれ。小東家から中山秀司に嫁ぐ。明治15年(1882年)、32歳で出直し。……***105, 106, 154, 155, 156, 160, 234, 237, 240, 245***

●中山やす なかやまやす
文政10年(1827年)生まれ。教祖の二女。天保元年(1830年)、4歳で夭折。……***18, 21***

●西浦弥平 にしうらやへい
弘化元年(1844年)、現・天理市園原町生まれ。明治7年(1874年)、長男・楢蔵のジフテリアをたすけられ入信。本席からおさづけを頂いた最初の人。同32年、56歳で出直し。……***126, 260***

●西尾ゆき にしおゆき
現・奈良県大和郡山市伊豆七条町の人。夫の中風をたすけられ入信。中山たまへ誕生の際に、教祖のお供として平等寺村の小東家へ赴いた。……***137***

●西田伊三郎 にしだいさぶろう
文政9年(1826年)、現・奈良県大和郡山市櫟枝町生まれ。文久元年(1861年)ごろ、妻コトの歯痛から入信。明治27年(1894年)、69歳で出直し。……***44, 55, 64***

●西田佐兵衞 にしださへえ
明心組の信者。明治17年(1884年)、竹内未誉至らの起こした「天輪教会」設立運動の際、竹内側に流れ、一時は明心組を離れたが、のちに復帰。……***275***

【は】

●博多藤平 はかたとうへい
明治16年(1883年)、三島村での雨乞いづとめに参加した一人。……***260, 265***

同27年、55歳で出直し。……***296***

●**仲野秀信** なかのひでのぶ
嘉永5年(1852年)、現・奈良県大和郡山市小泉町生まれ。元大和小泉藩の藩士。教祖に接し、感じ入って入信。大正12年(1923年)、72歳で出直し。……***309***

●**中山きぬ** なかやまきぬ
教祖の姑。教祖の父・前川半七正信の妹。文政11年(1828年)出直し。……***13,18***

●**中山こかん** なかやまこかん
天保8年(1837年)生まれ。教祖の五女。貧のどん底を教祖と共にし、のち"若き神"として教祖と人々との間の取り次ぎ役を果たした。明治8年(1875年)、39歳で出直し。……***9,22,32,33,34,39,40,49,50,58,59,60,62,63,99,109,128,130,131,132,133,152***

●**中山重吉** なかやまじゅうきち
教祖の長女まさの二男。母まさと共に中山家に復籍。中山家の近くで宿屋営業。諸国から帰ってくる信者の定宿となっていた。……***260***

●**中山秀司** なかやましゅうじ
幼名・善右衛門。文政4年(1821年)生まれ。教祖の長男。教祖のもとで艱難苦労を共にする。明治14年(1881年)、61歳で出直し。……***2,4,9,17,32,39,40,50,51,54,56,59,60,97,105,109,112,117,131,132,135,136,137,142,148,149,150,151,152,154,155,160***

●**中山眞之亮(新治郎)** なかやましんのすけ(しんじろう)
慶応2年(1866年)、現・天理市櫟本町生まれ。梶本惣治郎と教祖の三女はるの三男。15歳の時、中山家に移る。明治15年(1882年)、中山家の家督相続。のち、初代真柱となる。大正3年(1914年)、49歳で出直し。……***66,110,151,154,156,240,243,247,248,249,252,253,255,256,257,258,259,260,268,271,275,276,277,278,279,280,281,283,284,285,292,293,294,298,299,301,309,310,311,312,313,314,315,316,318,319,320,321,329,331,332***

●**中山善右衛門** なかやまぜんえもん
教祖の舅。文政3年(1820年)、62歳で出直し。……***17***

●**中山善兵衛** なかやまぜんべえ
天明8年(1788年)生まれ。教祖の夫。嘉永6年(1853年)、66歳で出直し。……***1,3,4,6,8,13,16,17,18,23,24,25,27,28,29,30,32,33***

●**中山たまへ** なかやまたまえ
明治10年(1877年)生まれ。教祖の長男・秀司の子。同23年、眞之亮

天保７年(1836年)、現・天理市豊田町生まれ。教祖の三女はるの縁談の仲人をしたのは父・忠作で、祖父、父と三代続いて忠作を名乗った。文久３年(1863年)、妹くらの気の病をたすけられ入信。明治38年(1905年)、70歳で出直し。……***32 , 44 , 45 , 46 , 47 , 48 , 55 , 96 , 112 , 117 , 118 , 120 , 121 , 124 , 132 , 133 , 135 , 143 , 156 , 234 , 243 , 247 , 260 , 264 , 265 , 269 , 270 , 293 , 302 , 309 , 329***

●**辻とめぎく**　つじとめぎく
明治３年(1870年)、現・天理市豊田町生まれ。辻忠作の娘。教祖から女鳴物の琴を習う。同43年、41歳で出直し。……***129 , 136 , 242 , 260 , 263***

●**辻ます**　つじます
辻忠作の妻。明治17年(1884年)出直し。……***128 , 129***

●**寺田半兵衛**　てらだはんべえ
天保８年(1837年)、現・大阪市中央区平野町生まれ。明治16年（1883年)、長男の結核から入信。網島分教会初代会長。同40年、71歳で出直し。……***269***

●**土佐卯之助**　とさうのすけ
安政２年(1855年)、現・山口県防府市向島生まれ。明治11年（1878年)、心臓脚気をたすけられ入信。同14年、航海中の危難をたすけられ道一条となる。撫養大教会初代会長。昭和３年(1928年)、74歳で出直し。……***145 , 279***

【な】

●**中尾休治郎**　なかおきゅうじろう
現・奈良県生駒郡平群町越木塚の人。明治11年(1878年)、秀司を講元として結ばれた真明講の世話人の一人。……***143***

●**仲田かじ**　なかたかじ
仲田儀三郎の妻。産後の患いをたすけられ入信。……***260***

●**仲田佐右衛門(儀三郎)**　なかたさえもん(ぎさぶろう)
天保２年(1831年)、現・天理市豊田町生まれ。文久３年(1863年)、妻かじの産後の患いから入信。明治19年(1886年)、厳寒の櫟本警察分署に10日間入牢。同年、56歳で出直し。……***44 , 47 , 55 , 96 , 112 , 115 , 118 , 120 , 121 , 124 , 128 , 135 , 143 , 156 , 234 , 243 , 247 , 260 , 264 , 275 , 283 , 284 , 285***

●**中臺勘蔵**　なかだいかんぞう
天保11年(1840年)、現・東京都中央区日本橋生まれ。明治19年（1886年)、持病の神経痛をたすけられ入信。日本橋大教会初代会長。

央区瓦屋町生まれ。明治15年（1882年）、コレラで重体のところをたすけられ入信。御津大教会初代会長。昭和９年（1934年）、70歳で出直し。……***249***

【さ】

●澤田権治郎　さわだごんじろう
弘化３年（1846年）、現・天理市海知町生まれ。妻ふじゑの産後の患いをたすけられ入信。明治15年（1882年）10月の教祖の御苦労の際、奈良警察署へ差し入れに行った一人。大正13年（1924年）、79歳で出直し。……***243, 260***

●清水惣助　しみずそうすけ
安政５年（1858年）入信。現・天理市三島町の人。……***36***

●清水ゆき　しみずゆき
清水惣助の妻。教祖から、初期にをびや許しを頂いた一人。……***36, 37, 38***

●清水与之助　しみずよのすけ
天保13年（1842年）、現・滋賀県高島市安曇川町生まれ。明治16年（1883年）、兄・伊三郎の持病「疝気」をたすけられ入信。兵神大教会初代会長。同34年、60歳で出直し。……***269, 277, 280, 291, 309, 329***

●助造　すけぞう
現・奈良市針ケ別所町の人。眼病をたすけられ入信したが、慶応元年（1865年）、異説を唱える。……***64, 65, 66***

●善助　ぜんすけ
今村善助。元治元年（1864年）、扇のさづけを頂いた一人。……***48, 96***

【た】

●高井猶吉　たかいなおきち
文久元年（1861年）、現・大阪府八尾市老原生まれ。明治12年（1879年）、悪性の風邪「ぜいき」をたすけられ入信。昭和16年（1941年）、81歳で出直し。……***145, 156, 243, 247, 260, 264, 265, 292, 293, 302, 309, 329***

●竹内未誉至　たけうちみよし
天恵組二番の信者で、元大阪府の刑事といわれる。……***276, 277***

●辻くら　つじくら
辻忠作の妹。くらの気の病のたすかりを願って、辻家は入信した。……***44, 46***

●辻こよ　つじこよ
辻忠作の姉。教祖が裁縫を教えたお針子の一人。その関係で、教祖の三女はるが梶本家に嫁した。……***32***

●辻忠作　つじちゅうさく

お屋敷に移り住む。……***245, 260***

【か】

●**梶本惣治郎**　かじもとそうじろう
文政10年（1827年）、現・天理市櫟本町生まれ。教祖の三女はるの夫。初代真柱の実父。明治20年（1887年）、61歳で出直し。……***32, 60, 108***

●**梶本はる**　かじもとはる
→　**中山はる**

●**梶本ひさ**　かじもとひさ
文久３年（1863年）、現・天理市櫟本町生まれ。梶本惣治郎の二女。眞之亮の姉。教祖最後の御苦労（櫟本分署）の際、明治20年（1887年）現身おかくしの折、付き添う。同年、山澤為造と結婚。昭和７年（1932年）、70歳で出直し。……***156, 247, 249, 268, 271, 285, 287, 288, 289, 290, 291, 330, 331***

●**梶本松治郎**　かじもとまつじろう
安政４年（1857年）、現・天理市櫟本町生まれ。梶本惣治郎の二男。眞之亮の兄。明治24年（1891年）、35歳で出直し。……***242, 243, 247, 291, 309, 310, 330***

●**亀蔵**　かめぞう
梶本亀蔵。嘉永７年（1854年）生まれ。梶本惣治郎の長男。万延元年（1860年）、７歳で夭折。……***36, 67***

●**岸本久太郎**　きしもときゅうたろう
現・大阪市西区阿波座の人。明心組の信者。明治14年（1881年）９月、教祖の御苦労の際、秀司名義の宿に止宿していた一人。……***155***

●**喜多治郎吉**　きたじろきち
→　**矢追治郎吉**

●**北田嘉一郎**　きただかいちろう
現・天理市三島町の人。「ふく病」という病気をたすけられ入信したと伝えられる。……***96, 277***

●**鴻田忠三郎**　こうだちゅうざぶろう
文政11年（1828年）、現・大阪府羽曳野市向野生まれ。高谷利右衛門の四男、のち鴻田長七に養子入籍。明治15年（1882年）、二女りきの眼病から入信。大阪府の農事通信委員を務め、新潟に道を伝える（のちに新潟大教会の礎を築く）。山澤良治郎の出直し後、おやしきの後見役を務める。同36年、76歳で出直し。……***249, 251, 252, 253, 254, 270, 271, 293, 300, 302, 309, 329***

●**小東政太郎**　こひがしまさたろう
現・奈良県生駒郡平群町平等寺の人。中山まつゑの兄。父・政吉が母とみの癪の患いから入信。……***156***

●**小松駒吉**　こまつこまきち
元治２年（1865年）、現・大阪市中

から最初に女鳴物の胡弓を教えられる。明治12年（1879年）、教祖の娘分として中山家に引き寄せられる。以後、「一身暮らし」として神様の御用をする。本席出直しのあと、おさづけを渡す。昭和12年（1937年）、75歳で出直し。……***135, 136, 145***

●**植田平一郎**　うえだへいいちろう
弘化３年（1846年）、現・奈良県大和高田市池田生まれ。萬田平次郎の長男、のち植田家に養子入籍。明治19年（1886年）、右手親指のヒョウソをたすけられ入信。中和大教会初代会長。同35年、57歳で出直し。……***297***

●**上田平治**　うえだへいじ
現・奈良県桜井市大西の人。元治元年（1864年）、義姉・山中そののたすかりから入信。明治27年（1894年）、64歳で出直し。……***61***

●**上原佐吉**　うえはらさきち
文化13年（1816年）、現・岡山県笠岡市生まれ。笠原儀七の長男、のち上原家を創設。明治13年（1880年）、教理に感じて入信。同23年、75歳で出直し。……***151***

●**上村吉三郎**　うえむらきちさぶろう
天保９年（1838年）、現・奈良県桜井市倉橋生まれ。明治18年（1885年）、前年に足のけがをたすけられたことから入信。敷島大教会初代会長。同28年、58歳で出直し。……***269, 282***

●**梅谷四郎兵衛**　うめたにしろべえ
弘化４年（1847年）、現・大阪府羽曳野市東阪田生まれ。明治14年（1881年）、兄・浅七の眼病から入信。船場大教会初代会長。大正８年（1919年）、73歳で出直し。……***155, 159, 242, 243, 247, 275, 291, 309, 330***

●**岡田与之助**　おかだよのすけ
安政４年（1857年）、現・天理市檜垣町生まれ。岡田善九郎の三男、のち宮森家に養子入籍。明治10年（1877年）、左腕痛から入信。昭和11年（1936年）、80歳で出直し。……***139, 148, 149, 156, 247, 260, 265, 292, 295, 329***

●**岡本重治郎**　おかもとじゅうじろう
文政２年（1819年）、現・天理市杣之内町木堂生まれ。のち岡本家に養子入籍。元治元年（1864年）、義妹・山中そののたすかりから入信。明治11年（1878年）、60歳で出直し。……***64***

●**音吉**　おときち
飯降伊蔵の大工の最後の弟子。明治15年（1882年）、伊蔵一家と共に

4, 5, 6, 8

●**井筒梅治郎**　いづつうめじろう

天保９年(1838年)、現・大阪市西区本田生まれ。明治12年(1879年)、長女たねの「百いぼ」をたすけられ入信。芦津大教会初代会長。同29年、59歳で出直し。……*145, 277*

●**茨木基敬**　いばらぎもとよし

安政２年(1855年)、現・大阪市北区生まれ。松本佐兵衛の二男、のち茨木家に養子入籍。明治15年(1882年)、娘の病をたすけられ入信。北大教会初代会長。大正７年(1918年)、本部員免職。昭和４年(1929年)、75歳で出直し。……*292*

●**飯降伊蔵**　いぶりいぞう

天保４年(1833年)、現・奈良県宇陀市室生向渕生まれ。元治元年(1864年)、妻おさとの産後の患いをたすけられ入信。明治15年(1882年)、一家でお屋敷に住み込み、のち本席となる。同40年、75歳で出直し。……*49, 50, 53, 54, 55, 56, 59, 60, 61, 62, 63, 64, 65, 109, 112, 234, 245, 247, 254, 260, 292, 293, 301, 303, 307, 324, 333*

●**飯降おさと**　いぶりおさと

天保５年(1834年)、現・奈良県桜井市小夫生まれ。飯降伊蔵の妻。明治26年(1893年)、60歳で出直し。……*50, 51, 53, 245, 253, 254*

●**飯降政甚**　いぶりまさじん

明治７年(1874年)、現・天理市櫟本町生まれ。飯降伊蔵の二男。昭和12年(1937年)、64歳で出直し。……*329*

●**飯降よしゑ**　いぶりよしえ

慶応２年(1866年)、現・天理市櫟本町生まれ。飯降伊蔵の長女。教祖から最初に女鳴物の三味線を教えられる。明治20年(1887年)、上田楢治郎と結婚、永尾家を創設。昭和11年(1936年)、71歳で出直し。……*136, 245, 260, 263, 329*

●**上田いそ**　うえだいそ

上田平治の妻。山澤良治郎の妹。教祖のそばに仕え、明治20年(1887年)陰暦正月26日には、女性で唯一「かぐらづとめ」の手振りをつとめた。同27年、59歳で出直し。……*329*

●**上田嘉治郎**　うえだかじろう

天保元年(1830年)、現・奈良市古市町生まれ。明治９年(1876年)、四女ナライトの気の病から入信。同28年、66歳で出直し。……*135, 150*

●**上田ナライト**　うえだならいと

文久３年(1863年)、現・天理市園原町生まれ。嘉治郎の四女。教祖

教祖伝に登場する主な人物一覧

数字は『稿本天理教教祖伝』のページ数

【あ】

●足達源四郎　あだちげんしろう
文政11年（1828年）、現・天理市三島町生まれ。明治８年（1875年）、村役人として教祖と共に奈良県庁へ同道。同32年、72歳で出直し。……***132***

●足達重助　あだちじゅうすけ
源四郎の伯父に当たる。油屋を営んでいた。……***38***

●足達秀治郎　あだちひでじろう
嘉永２年（1849年）、現・天理市指柳町生まれ。源四郎の娘けいの婿養子。天元講（のちの天元分教会）の初代講元。昭和３年（1928年）、80歳で出直し。……***242***

●飯田善六　いいだぜんろく
現・奈良県生駒郡安堵町の人。文久３年（1863年）、長男・岩治郎の一命が危ないところをたすけられ入信。……***46***

●泉田藤吉　いずみたとうきち
天保11年（1840年）、現・大阪市東成区大今里生まれ。明治10年（1877年）、自らの胃がんと子供の風邪の長患いをたすけられ、以後、大阪、九州で熱烈な布教を展開した。中津大教会初代会長。同37年、65歳で出直し。……***126, 241, 251, 277, 329***

●石西計治　いそにしけいじ
弘化３年（1846年）、現・天理市三島町生まれ。三島村の総代、戸長を務めた。明治44年（1911年）、66歳で出直し。……***259, 266***

●板倉槌三郎　いたくらつちさぶろう
安政７年（1860年）、現・大阪府八尾市恩智生まれ。明治９年（1876年）、17歳の時、教理に感動して入信。昭和12年（1937年）、78歳で出直し。……***135***

●市兵衛　いちべえ
中野市兵衛。寛政４年（1792年）生まれ。中山家で寄加持を行った修験者。真言系当山派の十二先達と称された中の一人と伝えられる。おやしきから東へ約８キロの現・天理市長滝町の人。明治３年（1870年）、79歳で出直し。……***1, 2, 3,***

『稿本天理教教祖伝』頭注目次

数字は『稿本天理教教祖伝』のページ数

【た】

【な】

【は】

【ま】

【や】

【ら】

さくいん

メモ

教《きょう》祖《そ》伝《でん》参《さん》考《こう》手《て》帳《ちょう》

立教169年（2006年）5月1日　初版第1刷発行
立教186年（2023年）6月26日　第2版第2刷発行

編集・発行　天理教道友社
〒632-8686
奈良県天理市三島町1-1
電話0743-62-5388
振替00900-7-10367

印刷・製本　株式会社天理時報社
〒632-0083
奈良県天理市稲葉町80

ISBN978-4-8073-0508-7

定価はカバーに表示